A PAIXÃO DE MADEMOISELLE S.

A paixão de Mademoiselle S.
Cartas de amor (1928-1930)

Apresentado por
Jean-Yves Berthault

Tradução
Rosa Freire d'Aguiar

Copyright © 2015 by Jean-Yves Berthault

Grafia atualizada segundo o Acordo Ortográfico da Língua Portuguesa de 1990, que entrou em vigor no Brasil em 2009.

Título original
Mademoiselle S.: Lettres d'amour (1928-1930)

Capa
Bloco Gráfico

Preparação
Sofia Mariutti

Revisão
Carmen T. S. Costa
Márcia Moura

Dados Internacionais de Catalogação na Publicação (CIP)
(Câmara Brasileira do Livro, SP, Brasil)

A paixão de Mademoiselle S. : cartas de amor (1928-1930) / apresentado por Jean-Yves Berthault : tradução Rosa Freire d'Aguiar. — 1ª ed. — São Paulo : Companhia das Letras, 2018.

Título original: Mademoiselle S. : Lettres d'amour (1928--1930).
ISBN 978-85-359-3066-5

1. Cartas de amor – França – Paris 2. Memórias 3. Mulheres – Comportamento sexual – França – Paris – História – Século 20 4. Mulheres – França – Paris – Correspondência 5. Taboo – França – Paris – História – Século 20 I. Berthault, Jean-Yves.

18-12051   CDD-306.70820944

Índices para catálogo sistemático:
1. França : Mulheres : Comportamento : Sociologia 306.70820944
2. Mulheres francesas : Comportamento : Sociologia 306.70820944

[2018]
Todos os direitos desta edição reservados à
EDITORA SCHWARCZ S.A.
Rua Bandeira Paulista, 702, cj. 32
04532-002 — São Paulo — SP
Telefone: (11) 3707-3500
www.companhiadasletras.com.br
www.blogdacompanhia.com.br
facebook.com/companhiadasletras
instagram.com/companhiadasletras
twitter.com/cialetras

Prefácio

Enquanto eu ajudava uma amiga a esvaziar um apartamento cujo porão tinha sido esquecido, percebi atrás de um monte de lenha, depois de deslocar umas velhas molduras quebradas e cadeiras sem pés, um caixote em que haviam sido empilhados vidros de conserva vazios entre duas pilhas de jornais velhos. Então pensei que ninguém tem tanto trabalho para proteger recipientes fora de uso e sem tampa. E se tivessem sido postos ali para disfarçar algum fabuloso tesouro?

Tive essa rara impressão de que uma aventura extraordinária estava ali, ao alcance da mão, e de que algo importante estava se produzindo, vocês sabem, como quando a sorte passa por nós ou pensamos ser testemunhas de um milagre, em suma, quando ficamos com a pele arrepiada. Podia ser um mapa do tesouro, um desses pés-de-meia contendo centenas de moedas de prata, títulos de firmas há muito tempo desaparecidas, o diário íntimo de uma falecida senhorita, uma partitura desconhecida de Mozart. Assim, tratei de demolir as camadas de papel e vidros de conserva que protegiam o fundo do caixote, e cheguei a uma bela e pesada sacola de couro, com iniciais gravadas em prateado. Dentro, apenas cartas, escritas com a mesma letra, e completamente misturadas. Começo a ler uma, depois outra, para descobrir in fine toda uma correspondência, visivelmente cartas de amor, numa linguagem mais que ousada, inacreditável em matéria de audácia erótica. Essa correspondência fora deliberadamente guardada naquela sacola que devia se manter escondida, era óbvio. Acabo de encontrar uma data em uma delas: 1929. E todas estão assinadas por uma mulher, Simone.

Devorado de curiosidade, adquiri de minha amiga essa correspondência. Assim, aqui estão as cartas de Simone a seu amante Charles, só raramente datadas, e cuja cronologia levei quase um ano para reconstituir, aproveitando a ocasião de estar servindo como embaixador num país tranquilo o bastante para me permitir dedicar os fins de semana e muitas noites a esse exercício. Tendo em vista o número das missivas, só retive uma quantidade limitada delas para propor aos leitores (um pouco mais de um terço), e por discrição os nomes dos protagonistas e dos lugares mencionados foram mudados.

Muitas leituras desta coletânea epistolar podem ser feitas...

É possível vê-la como a relação devassa entre uma mulher e seu amante, expressada nos termos mais crus, e ler estes textos com a ávida curiosidade que nos faria devorar um romance pornográfico anacrônico. Na verdade, Simone usa um vocabulário cuja audácia vai ficando, no correr dos meses, cada vez mais desenfreada, surpreendente na pluma de uma jovem mulher culta, que tudo parece apontar, além do mais, ser "de boa família". Como explicar tamanho atrevimento e tal linguagem, tão "moderna"? E que mulher poderia escrever assim na época?

Um de meus melhores amigos, a quem mostrei estas cartas antes da publicação, me disse: "Ora, confesse, foi você quem escre-

veu estas cartas! Elas não podem ter sido escritas por uma mulher em 1928!", e tive de lhe mostrar as originais, com seus papéis de carta envelhecidos, para que enfim ele acreditasse.

Então, onde Simone foi buscar esse vocabulário obsceno, introduzido sem pudor entre tantas frases elegantes? Minha suspeita é que a apropriação desse vocabulário em sua linguagem naturalmente castiça constituiu a transgressão necessária para superar os obstáculos que a separavam de seu desabrochar sexual. Com toda certeza ela terá pegado de Charles as expressões que ele deixava escapar durante suas relações sexuais, pois na época o homem se permitia, com uma amante, usar palavras que não poderia dirigir à esposa, e assim Simone se apossou, em sua busca de liberação, do vocabulário do Macho. Pode-se imaginar que tamanha liberdade, tão esdrúxula para a época, devia ter sobre Charles efeitos afrodisíacos. Liberada, a palavra abre novos possíveis para cada um dos dois amantes. A proibição suprema é, então, desrespeitada: a do pronunciamento.

Evidentemente, a audácia das palavras terá se imposto ao mesmo tempo que a dos gestos, pois a transgressão de umas precede e se alimenta da transgressão dos outros, e com certeza não encontraríamos seus modelos na biblioteca, que imagino tão "clássica", de Simone; é mais em sua psique e no inconsciente coletivo de uma época que convém buscá-la. Pois, por mais que se percorra a literatura mais ousada desse período, nas estantes nada era possível encontrar que pudesse ser uma fonte de tais inspirações. Genet, que começava sua carreira de ladrão e ainda não a de escritor, não havia publicado nada nos anos em que estas cartas foram escritas (1928-30). Pierre Louÿs não alcançava tais extremos, Gide publicara Corydon em 1924 e Se o grão não morre em 1926, mas apenas aflorava com precaução suas obsessões homossexuais, e As canções de Bilitis ainda não eram o livro de cabeceira da boa burguesia. De qualquer maneira, nenhum desses livros recorria a uma linguagem que a época teria, sem a menor dúvida, qualificado de imunda.

Mas Simone se banhava nesse novo mundo em construção, era contemporânea dos primeiros filmes pornográficos mudos, da "Revue nègre" de Joséphine Baker, de tantas experimentações artísticas que iam revolucionar os costumes, e de uma sociedade que assistia, bem ou mal, à emergência dessa nova ordem amoral parisiense. Nossos dois jovens amantes são, portanto, uma de suas expressões, cerca de vinte anos depois da separação da Igreja e do Estado.

Um de seus inúmeros méritos é que este inacreditável documento nos mergulha na vida das mulheres enfim liberadas e de uma "garçonne" que se assume, dez anos depois do cataclismo da Primeira Guerra Mundial, revelando-nos sem pudor o apelo à liberdade desses Anos Loucos. As cartas ilustram da melhor maneira possível como a reputação das parisienses, desde a virada do século e do entreguerras, não era usurpada. Elas nos informam também sobre a perenidade das pulsões, sobre a permanência dos sentimentos, e sobre essa ideia de que, decididamente, nosso mundo contemporâneo, que se gaba de ter tudo inventado, apenas soluça, como pressentimos, a redundância perpétua dos instintos e das aspirações da humanidade, em seu eterno começo.

Porém, o que mais me cativa nessa correspondência, o que dela retenho, e o que proponho ao leitor, é antes de mais nada uma magnífica e trágica história de amor, misturada a uma neurose obsessiva, que me perturbou. Tenho a sensação de que Simone, que sofreu muito, merece que seus sentimentos, seu sacrifício, além de suas loucuras, revivam hoje às claras, e que a dimensão trágica dessa vida obscura e dolorosa seja reconhecida post mortem.

Também devo confessar que não me desagrada publicar esta obra no momento em que acabo de abandonar a carreira de embaixador. Como Simone, sou anticonformista.

J. Y. B.

GALERIA FRÉDÉRIC CASTAING

AUTÓGRAFOS E
DOCUMENTOS HISTÓRICOS

Conjunto de 185 cartas, com a mesma caligrafia, assinadas por um nome feminino, de diferentes formatos, *c.* 1929-30. Alguns desenhos a lápis. As cartas estão reunidas em 4 pastas.

Cartas de várias páginas cada uma, assinadas com o nome feminino por extenso, ou com um diminutivo, ou com uma inicial. Em geral as cartas são autógrafas e assinadas, quatro são autógrafas não assinadas, o resto se compõe de um final de carta autógrafa, de dois poemas autógrafos e de um *pneumatique** autógrafo assinado. Os formatos são diferentes, 117 cartas in-4º, 63 cartas in-8º, e outros formatos diversos, sendo o papel de época.

As cartas são escritas a partir de várias residências. Algumas são datadas, 22 de janeiro de 1929, março de 1929, 14 de junho de 1929, 31 de dezembro de 1929. O *pneumatique* assinado foi enviado em outubro de 1929 (carimbo do correio) e confirma a datação.

Correspondência erótica de uma mulher a seu amante, no final dos anos 1920.

Frédéric Castaing

Paris, 20 de fevereiro de 2015

30 rue Jacob – 75006 – Paris
Tel: 01 43 54 91 71
galerie.frederic.castaing@wanadoo.fr
www.galeriefredericcastaing.fr
R.C. Paris A320739386
TVA: FR92 320 739 386

* Os pneumáticos, mais conhecidos pelo diminutivo "pneus", foram um meio muito parisiense de transmissão de correspondência. Postos à disposição do público em 1879, só desapareceram em 1984, suplantados pelo uso do fax, e depois dos e-mails. Cento e vinte agências de correio eram equipadas de infraestrutura que permitia enviar cartas por um sistema de tubos de ar comprimido, percorrendo até um quilômetro por minuto. O usuário comprava uma folha pré-selada numa agência de correio, na qual era possível escrever umas vinte linhas, e que em seguida era dobrada colando-se as beiras. No verso desse papel dobrado se escrevia o endereço do destinatário. Os tubos de ar comprimido ligavam toda a cidade de Paris, de modo que alguns minutos depois do envio um carteiro ia entregar o pneu no endereço indicado. Era, na época, uma distribuição "em tempo real". [Esta e as demais notas de rodapé são de Jean-Yves Berthault.]

Sábado, 11h30

Desculpe, querido, se este bilhete é curto demais... Só me falta tempo, pois você sabe que eu teria muitas coisas para dizer se pudesse!

Hoje você só terá de mim um meigo pensamento, só um beijo nos seus lábios amados e nos seus lindos olhos castanhos, mas mesmo assim estarei ao seu lado espiritualmente. E você, meu amado, pensará em mim? Sim, espero, e também espero receber um bilhetinho no correio de segunda-feira.

Querido, gostaria de te ver num dia da semana que vem se isso for possível, pois tenho tanto desejo de suas carícias que será um sem-fim esperar até sábado.

Quero saborear de novo os minutos apaixonados de nosso último encontro... A lembrança daquelas carícias me perturba estranhamente e quero reencontrar em seus braços as sensações tão maravilhosas que você sabe me dar. Meu bem-amado, quero que me ame com todo o ardor do seu desejo, quero que me faça gozar perdidamente sob seus abraços perversos. Querido amado, diga que, como eu, você quer conhecer de novo aquelas carícias, diga de novo que em meus braços você é feliz, muito feliz e que me ama...

Comporte-se, meu amante adorado, durante esses dois dias. Guarde para mim suas carícias perversas, guarde-as só para mim, quero te amar assim, sempre, sempre.

Adeus, meu pequeno deus que eu adoro. Até segunda à noite, espero!

Me dê todo o seu corpo tão maravilhoso, quero apertá-lo em meus braços, bem forte, bem forte, para me impregnar do seu perfume inebriante. Colo meus lábios nos seus com um beijo profundo no qual ponho todo o meu coração, repleto de você, só de você.

Toda a minha ternura, meu bem-amado. Te amo.

Simone

Meu amor querido,

Como foi bom ontem à noite... Todos aqueles minutos passados ao seu lado tinham me excitado, e seu *pneu* acabou de inebriar meus sentidos. Todas aquelas palavras apaixonadas me perturbaram deliciosamente e na minha cama grande, no escuro de meu quarto, não fui muito bem-comportada. Perfumei todo o meu corpo antes de me enfiar debaixo de lençóis limpos, como se você viesse se juntar a mim.

Com a cabeça no travesseiro, evoco a imagem querida de meu pequeno deus. Minha mão acaricia lentamente todo o meu corpo, que aos poucos estremece. Desce dos seios até as coxas, se perde um instante no pelo morno do púbis e desliza mais para baixo. Com essa dupla carícia, uma volúpia infinita toma conta do meu ser. Agora eu tremo de prazer, pois te evoco com todas as minhas forças. O gozo é tão forte que me seguro para não gritar. Charles, Charles querido, sim, amanhã te darei o alucinante espetáculo que você deseja. Quando eu gozar perdidamente, você me possuirá inteira para não me dar tempo de me recuperar, para que um segundo gozo ainda mais forte que o primeiro me arraste para o prazer.

Amanhã, amado querido, poderemos realizar todas as nossas loucuras.

Sou obrigada a parar, de novo. Não tenho tempo para dizer tudo o que quero.

Até logo, meu bem-amado. Te amo.

Simone

Terça-feira, 31 de julho

Meu amor Amado,

Recebi sua última longa carta. Você é um amor por me escrever assim, fico tão contente quando entrevejo o envelopinho branco na caixa de correio! Eu também teria ficado muito triste se você não tivesse respondido imediatamente... Te amo! Meu amor querido, para mim é impossível partir daqui antes de domingo à noite. Acredite, amado querido, que, assim como você, anseio ardentemente pelo nosso próximo encontro. Todo o meu ser se estende para você e convoca o amante delicioso que você é, que será sempre. Não, amor querido, não me cansarei de você, esteja certo. Fui feliz demais em seus braços e sei de antemão o prazer que vou sentir quando você me possuir... Já vivo em pensamento toda a cena do nosso próximo encontro. Você me fará sofrer cruelmente, meu corpo que te pertence se torcerá sob os golpes, você me ouvirá pedir misericórdia... E o seu desejo de mim será violento porque grudarei minha carne na sua, te apertarei inteirinho entre as minhas coxas frementes, minha boca buscará seus lábios para machucá-los com beijos furiosos. Você me possuirá, meu bem-amado, como gosta, e nosso abraço apaixonado arrastará nós dois para o gozo infinito que só carícias como essas conseguem provocar. Saberei te cobrir com todas as que você quiser. As mais perversas, você diz? Pouco me importa, Charles querido, quero acima de tudo que você seja feliz em meus braços. Então, obedeço às suas ordens, meu mestre querido! Se soubesse como estou louca para me aninhar em seus braços! Tenho tanta vontade de reencontrar seu corpo que me deu êxtases tão grandes...

Bem-amado querido, verá como nos amaremos depois dessa longa separação, lado a lado mas sem poder nos unir... Ah! Por que você não pode ficar livre uma noite! Que belas horas viveríamos, um nos braços do outro, na calma e na penumbra do quarto grande, apertados um contra o outro, depois do êxtase louco que nos deixará sem forças; quando nosso desejo mútuo e violento tiver nos arrastado para o gozo supremo, como nos sentiremos bem, meu amor, descansando nessa cama grande... Mas por que evocar essas imagens, essa felicidade não é possível... Esperaremos o outro sábado para provar esses amores loucos. Uma coisa me inquieta, amado. É que me pergunto onde poderemos nos ver, quando minha família voltar!... Pois não penso que poderíamos nos largar tão depressa, meu amor; se você não consegue se afastar de mim, eu não consigo renunciar às suas carícias... Precisaremos pensar nesse problema. Falaremos a respeito em Paris, está bem? Meu amado, te deixo. Escreva uma longa carta para que eu leia antes de partir daqui. Não fiz nenhuma foto minha, meu querido!

Adeus, tesouro querido, te beijo loucamente por toda parte, por toda parte. E digo até segunda, meu bem-amado.

Te amo perdidamente, meu amante adorável.

Sua Simone

Sexta-feira, 11h

M'amor querido,

É também a última carta que receberá de mim. Daqui a dois dias pego o trem para Paris, para você, meu amado, que estou louca para apertar contra o meu coração depois de uma ausência tão longa. Não imagina quanta saudade senti nesses vinte e três dias passados longe de você. Vários dias fiquei triste apesar dessa natureza tão bela cujo encanto todo não conseguia me tocar! Se eu não tivesse as suas cartas queridas para me dizerem que você me amava, para me fazerem reviver todas as nossas belas horas, teria ficado mais triste ainda!

Quer que eu fale do nosso amor? Não há frases, por mais eloquentes que sejam, que consigam expressar toda a paixão, todo o ardor, toda a loucura que contêm essas duas palavras: "nosso amor". Vivemos juntos minutos tão belos, provamos tamanhos êxtases que seríamos inábeis em querer contá-los! Que mais posso dizer, meu amor querido, senão que imagino sonhar quando penso em tudo o que faz "nosso amor". Você me fez conhecer sensações inesquecíveis, soube despertar em mim, com toda a sua perversidade, sei lá que instinto secreto que agora me faz desejar novos gozos, sempre mais perversos e mais fortes. Você é um mestre na arte tão delicada de amar e sou uma bem--aventurada, uma bem-aventurada por ter sabido, eu também, te prender.

Nada imaginei durante essa ausência, nada, apenas me lembrei. E sei que quando nossos corpos se unirem de novo, quando a sua carne se aproximar da minha, tamanho arrepio de desejo me tomará, que ele me ditará todas as loucuras possíveis! Sim, te amo com um amor absoluto, te amo com o meu coração, mas também e sobretudo com os meus sentidos, com a minha carne, e te quero todinho, está ouvindo, amor querido? Quero que nenhum desvão secreto da sua carne escape aos meus carinhos, aos meus beijos. Quando te vejo ali, todo nu e tão bonito em meus braços, é uma loucura que me conquista abruptamente. Ah! Amado querido, deixe-se levar, deixe-se afagar por todo lado, por todo lado. Quero beijar loucamente essa pele branca e lisa, essas coxas firmes, esse ventre e esse peito adorável em que meu rosto em fogo buscará o frescor. Se quiser conhecer sensações alucinantes, fale, dite e obedecerei. Feliz, feliz de te ouvir ofegar de desejo, de gozo. De meu lado, espero com o coração disparado por uma deliciosa comoção, a sua primeira metida. Você diz que vai me fazer sofrer. Paciência, mas me diga que será feliz em meus braços, que ouvirei seu grito de vitória, seu grito de macho, quando me agarrar nos seus braços, machucada, derrotada, sem forças!

Pertenço a você, meu amante adorado, com toda a força de minha carne inebriada por suas carícias brutais... Sabe que aceito de antemão as suas paixões, se elas devem nos unir ainda mais completamente. Também experimentei nos seus braços a volúpia mais intensa. Gozei com todas as minhas forças, sob seus tapas, suas brutalidades. Gozei sobretudo por sua sábia posse. Quero reviver esse gozo que jamais tinha conhecido durante a relação corriqueira, que me deixa fria e insensível. *Jamais*, está ouvindo, quero conhecê-la com você. Porque *eu sei* que um e outro ficaríamos decepcionados. E além disso, desceríamos ao nível dos amantes banais, quando na verdade pairamos nas esferas proibidas, quando somos dois "fora da lei", uns depravados, uns apaixonados, tudo o que faz "nosso amor".

Amor querido, infelizmente não consigo me libertar do dever para sentir nos seus braços minutos deliciosos! Isso é tão impossível para mim quanto para você. Preciso ir para o escritório às oito horas, assim que descer do trem! Devemos esperar pelo sábado, com muita paciência, meu amado! Mas se você fosse bonzinho, passaria pelo escritório para me ver cinco minutos ou me ligaria* para que, pelo menos, eu pudesse ouvir a sua voz! Te deixo, vou correndo pôr esta carta na caixa do correio. Adeus, amor querido. Te aperto contra mim num alucinado abraço!

Sua Simone

* A impressão de modernidade que o uso do telefone por Simone poderia dar ao leitor, há quase cem anos, é errada. Na época, Paris era uma das cidades mais modernas do mundo. O metrô parisiense existia desde 1900, e o telefone já tinha surgido bem antes. Charles Bonseul, chefe telegrafista da cidade de Douai, expõe pela primeira vez o princípio do aparelho num artigo publicado na revista *L'Illustration* de 1854, intitulado "Transmissão elétrica da palavra". Sem dúvida, o telefone ainda era, em 1928, reservado a uma pequena elite que pertencia essencialmente à alta burguesia e à aristocracia, mas as primeiras assinaturas datavam, na capital, de 1881. Milhares de parisienses dispunham assim, na época de nossa correspondência, desse meio de comunicação, que conheceu no período desta história uma expansão importante com o surgimento, em setembro de 1928, da primeira central telefônica automática em Paris. Desde então, os assinantes dispunham de um disco com orifícios redondos que permitiam discar caracteres alfanuméricos: três letras seguidas de algarismos.

Aliás, Proust menciona em sua obra o telefone, em especial em *Do lado de Guermantes*, em que se refere a uma conversa com a avó. Em sua correspondência, costuma empregar, para qualificar suas conversas telefônicas, o delicioso neologismo "telefonagem". Em todo caso, temos aí algo que nos informa sobre o meio em que evolui nossa heroína, que é avara em informações sobre seu contexto social: ela pertenceu, sem nenhuma dúvida, a um meio privilegiado, o que é confirmado pela qualidade de sua língua e de seu estilo. Imagino-a recebendo seu primeiro aparelho revolucionário três meses depois do início do idílio com Charles, e o estreando com ele.

Sábado, 9h30

Meu querido amor,

Prefiro ter feito você sorrir. Prefiro ter me enganado, mas também, que calma e que silêncio depois de um dia desses! Quer dizer que você foi perfeitamente feliz em meus braços e a nossa relação não foi decepcionante. Estou radiante, meu bem-amado, pois você sabe que acima de tudo quero te contentar. Se consegui te provocar um gozo alucinante, acredite que o meu me deixou acabada e sem forças. A palmada violenta que você me deu me prepara para a prova seguinte. Vou galgando, por degraus, etapas cada vez mais cruéis e chegará um dia, muito próximo, assim desejo, em que você poderá enfim encontrar a sensação perversa que procura.

Sim, meu tesouro querido, você me chupou muito bem. Que embriaguez profunda me invade quando, com a sua língua e os seus lábios, você beija apaixonadamente meu botão excitado! Essa carícia maravilhosa que você prolonga, eu espero por ela mais que tudo, pois é o complemento supremo de todas as metidas apaixonadas que você me dá. Mas nos seus braços sempre sou feliz. Mesmo quando abatidos, e quando nossos corpos descansam, amo sentir você pertinho de mim. Sinto prazer em acomodar minha cabeça no seu ombro, e você me abraça tão carinhosamente ao me apertar contra a sua carne que eu gostaria de passar horas assim, te vendo dormir.

Charles querido, não escrevo mais agora pela manhã porque infelizmente tenho coisas demais que me impedem, mas quero que saiba como estou ligada a você e que amo todas as suas carícias, mesmo as mais cruéis.

No nosso próximo encontro quero te provar que sei sofrer para que você seja feliz já que esse é o seu desejo.

Explorando minha carne com a sua língua ávida, machucando minha bunda com seus dedos impacientes, você foi exatamente como te revi no meu isolamento, lá. Era você mesmo que eu reencontrava, meu caro amante querido. Te dei carícias meigas o bastante? Foram as que você desejava em segredo ou você se decepcionou? No entanto, tive a impressão de sentir em sua carne íntima um estremecimento de prazer quando minha língua entrou suavemente, suavemente, nas nádegas que você me oferecia. Seu pau endurecia, tremendo à medida que minha carícia ficava mais e mais insistente.

E se você ama a carícia perversa que te dei, sempre saberei ser pródiga, com o mesmo ardor. Sem dúvida, foi uma delícia sentir na minha bunda esse membro impressionante, enquanto se abatiam sobre mim as chicotadas. Mas já que você nunca deve me possuir numa relação normal ordinária, da próxima vez tentaremos algo por ali, imaginaremos posições imprevistas, você quer?

Ah, ainda estamos longe do auge de nossas loucuras. Até logo, meu amor Amado. Quando poderemos de novo nos amar, meu amor Amado?

Te aperto bem ternamente contra mim e beijo loucamente seus lábios e seus olhos.

Sua Simone

Amor querido,

Você me deixará louca, está ouvindo, louca de desejo e volúpia. Só recebi o *pneu* hoje de manhã. Encontrei-o chegando ao escritório. Ele só veio ontem, às 7h30, quando eu o esperava com uma impaciência alucinada! Pensei em você ontem, violentamente, no quentinho dessa cama grande que foi testemunha das nossas primeiras relações, procurei o lugar onde você deitou seu corpo. Evoquei você, tão bonito na sua nudez de macho, fechei os olhos para reviver melhor todas as nossas carícias e te desejei loucamente, meu amor querido. Todo o meu corpo em brasa se torcia, excitado, e fiz esse êxtase durar até que o desejo ficou forte demais. Então, devagarinho, de mansinho, saboreando a cada segundo o gozo infinito que me tomava, pensei em me dar a ilusão de estar nos seus braços, e que era a sua língua que me acariciava amorosamente. Gozei loucamente, mas para a minha tristeza a realidade me lembrou que eu estava sozinha, que você, tão perto de mim — apenas alguns metros —, tinha a seu lado outra mulher que, naquele exato instante, talvez você acariciasse! Então chorei de desejo, e te chamei baixinho, seu nome querido despertando em mim arrepios de volúpia que me deixaram muito tempo acordada em cima da minha cama solitária!

Amado querido, entende a que ponto sua carne me perturba? Entende em que grau te pertenço? Sou a sua coisa, a coisa sua, o seu brinquedo vivo, mantido ao sabor do seu prazer ou do seu vício, e tudo em mim não é mais que o eco das suas paixões. Não sei se fui eu que te dei toda a sua perversão, mas, neste momento, para mim mais nada conta a não ser a sua carne, as suas carícias, os seus beijos. Você me tem *inteira*, entende, já não vivo senão para conhecer nos seus braços êxtases alucinantes que me ligam a você por um laço inviolável. O laço da paixão mais louca, da sensualidade perversa, e agora já não sei se algum dia eu conseguiria suportar que outro homem se aproximasse de mim, de tão deliciosas são as lembranças das suas metidas. Amado querido, não me cause a tristeza pavorosa de se afastar de mim de novo. Diga que o nosso amor ainda não pode terminar, e que quando estiver longe de mim, nessa terra que te arranca dos meus abraços, você saberá se preservar para a sua querida amante cujos braços se abrirão bem grandes para o retorno! Querido, vou sofrer terrivelmente com a sua ausência. Meu desejo de você será cada dia mais violento e terei de esperar três longas semanas para que você volte a me possuir! Te amo, amor querido, você sabe? Temo não mais te amar só com os sentidos, como agora. Meu coração também se deixa agarrar pelo encanto enfeitiçante de toda a sua pessoa. Sinto isso, pois tenho ciúme das horas que me roubam de você! Amado querido, tomara que chegue logo sábado para esquecermos tudo além de nós dois. Sim, subiremos outro degrau no vício, mas é tão bom o vício! É uma loucura sentir toda essa volúpia que nos leva irresistivelmente ao gozo. Querido, imaginaremos outras carícias, procuraremos atingir juntos o máximo de prazer. Quer? Nossos corpos se unirão bem estreitados para que nenhuma parcela de nossa carne possa escapar ao gozo. Me dê o seu pau duro para que eu o beije loucamente. Agora ele está pronto para penetrar na minha bunda que estremece e espera essa metida.

Me agarre, me agarre, todinha. Goze dentro de mim. Seja feliz nos meus braços. Te amo.

Simone

Meu caro querido,

Fiquei feliz hoje de manhã ao receber seu bilhetinho e feliz sobretudo por ter te dado prazer em nosso último encontro. Sabe, querido, sempre tenho tanto medo de que minhas carícias te cansem, que a saciedade chegue! O desejo de um homem, mesmo o mais amoroso, é coisa tão frágil que a gente sempre teme vê-lo se apagar como uma chama sob o sopro abrupto do vento.

No entanto, meu amor querido, tento guardar você para mim o maior tempo possível, pois agora estou tão acostumada com você que não imagino uma separação. Sinto que, se me abandonasse, um grande vazio se formaria ao meu redor e eu ficaria triste, pavorosamente.

Você soube me prender com todo o encanto perverso das suas carícias. Sexta-feira você não me mostrou a felicidade que podia me dar? Fui feliz em seus braços, meu amor querido, muito feliz. Sofri, sem dúvida, mas tive ao menos a certeza de que o seu prazer ultrapassou meu sofrimento, e isso, sabe, terá me feito suportar vários outros sofrimentos. E, além disso, você não me recompensou pela minha docilidade? Com que alegria senti entrar dentro de mim o seu pau que estremecia. Você soube ser hábil ao prolongar a espera desse momento delicioso, e as suas carícias apaixonadas enlouqueciam todo o meu ser, que se debruçava perdidamente sobre você. Eu desejava a sua carne e você me entregou todo o seu corpo. Será que eu soube te fazer vibrar como você queria? Para mim, foi uma alegria profunda beijar perdidamente toda a sua carne, até a mais íntima.

Meu amor querido, que laço nos prende agora, um ao outro! Nossos vícios mútuos nos aproximam mais do que conseguiria aproximar um amor normal que, tenho certeza, teria deixado em nós dois a impressão de inacabado, de gozo incompleto. Você não acha, querido, que somos mais felizes assim? As sensações ardentes que conhecemos juntos nos levam ao irreal, pairamos acima dos amantes ordinários que nunca devem alcançar esse grau de prazer que só as carícias como as nossas são dignas de dar. Meu amado, agora nada é capaz de nos deter. Vamos escalar os degraus da loucura, de mãos dadas, vamos provar todas as relações proibidas, que nenhum prazer nos seja desconhecido já que nos amamos assim. Gostaria que me dissesse tudo o que passa pela sua cabeça, gostaria de saber se quer outra coisa além desse carinho. Quer me amar de outra maneira? Seria mais feliz se saboreasse comigo uma penetração normal?

Responda, amor querido. Te amo.

Minhas mais inebriantes carícias por onde você quiser.

Simone

Segunda-feira, 4h

Meu amor querido,

Se soubesse como estou feliz por ter te encontrado! Gostaria de te pegar nos braços, te apertar perdidamente contra o meu coração tão repleto de você, acariciar com paixão toda a sua carne que me tenta e me atrai. Que deliciosa vertigem tomou conta de mim quando seus lábios roçaram nos meus! Gostaria que aquele beijo não terminasse nunca... Tinha tamanha pressa de te rever, meu bem-amado, depois de nossa longa separação, e eis que vamos ficar separados mais uma vez. Mas antes, teremos vivido horas de loucura, pois agora você me pertence, todo... Senti, ao te rever, a que ponto você me é querido e sei com que ardentes carícias vou afagar esse corpo amado, tão próximo do meu essa manhã que senti todos os seus contornos.

Você não se deu conta, amorzinho, que eu tinha ficado enlouquecida de desejo, e olhe que, se eu tivesse te agarrado contra mim, quantas loucuras não teria feito! Teria beijado perdidamente o seu peito, o seu ventre, as suas coxas. Teria descoberto e pegado com os meus lábios ávidos o seu pau tão suave e tão quentinho, chupado devagar, devagarinho para senti-lo latejando e crescendo dentro de minha boca. Depois teria descido ainda mais, e depois atrás, pelo rego moreno da sua linda bunda, teria descoberto o lugar sensível, e todas as carícias que você ama, minha língua e meus lábios teriam te dado. Com volúpia teria provado a sua carne íntima, e que pena eu sinto por não poder meter em você como você mete em mim. Quero grudar minha pele na sua, rolar em cima da sua carne palpitante, não deixar nenhum canto virgem de minhas carícias. Gostaria de inventar sei lá que penetração para fazer você gritar num gozo desconhecido, para recolher nos seus lábios em fogo palavras de delírio erótico, para te ver desmaiar de felicidade em meus braços... Ah! Querido, como te amo... Duvida? Você semeou o vício no meu sangue e agora quero trepadas furiosas, que não se pareçam com nenhuma outra. Te amo, te amo como uma fêmea no cio. Quero te sentir penetrar no meu ser, ejacular na minha carne. Quero gozar como uma fera selvagem sob as suas carícias ou os seus tapas. Pouco me importa! O que quero é te amar, te amar, te dar prazer com o meu corpo febril que exige ser possuído por você. Meu amante adorado, meu pequeno deus, por que não está aqui para acalmar esse desejo furioso que cresce, que cresce, que me arrasta loucamente para você! Tomara que chegue logo o sábado, quero sofrer, quero te amar. Quero devorar de beijos o seu pau e a sua bunda que eu adoro. Minha língua incansável irá de um ao outro. Vou te chupar, vou te masturbar, vou te amar... Ah! Charles, estou ficando louca de desejo, não aguento mais. Sinto dor em todo o meu ser que se volta para você, perdidamente. Até hoje à noite, meu amado. Te adoro. Te amo. Te quero.

Simone

Meu amor querido,

Li e reli sua cartinha. Como ela me fez bem! Eu tinha tanto medo de ter te decepcionado... Agora sei que, se não foi perfeito, mesmo assim você sentiu um prazer infinito com aquela carícia perversa. Sim, meu amado, da próxima vez você deverá gozar ainda mais, deverá ter a ilusão de ser realmente possuído por um membro viril que furará a sua carne. Ele remexerá loucamente em todas as direções, assim como você mesmo faz quando me pega inteirinha numa metida semelhante. Amor querido, fui divinamente feliz em seus braços. Você me deixou sem forças, meu bem-amado, mas que êxtase havia em mim! Nunca tinha encontrado tantos encantos nas suas carícias como nesse dia. Será que foi a palmada que você me deu, será que foi porque sua carne estava mais macia? Não sei... Não consigo realizar o que se passa em mim, mas estou feliz em seus braços e não gostaria de ver minha felicidade acabar.

Eu também, meu amor, pensarei em você daqui a alguns dias. Longe de você apesar de tudo, todo o meu ser te pertencerá e verei em pensamento todas as nossas horas de amor. Tirarei de minhas lembranças a paciência necessária para te esperar de maneira comportada, mas não creio que conseguirei, pois essas lembranças são muito doces e muito vivas. Então, à noite, na minha cama grande, antes de dormir, chamarei baixinho meu pequeno deus. Fecharei os olhos para só ver dentro de mim o rosto dele.

Só mais uns dias para te ver, e tão pouco. Não me esqueça, meu pequeno deus, pense em toda a ternura que deixa atrás de si, pense que te espero, que te desejo com toda a força de meus sentidos que só se acalmam nos seus braços, com o seu afago. Prometa-me se comportar durante essas longas semanas e me escrever *todos os dias* assim como eu mesma farei. E depois, se quisesse me dar um imenso prazer, mas um imenso prazer, pois bem, me enviaria uma foto sua que mandaria fazer por lá, para que eu veja o meu amorzinho no seu belo uniforme. Quer me dar essa alegria, diga? É a única que te peço até a sua volta. Pois depois, sei que terei todas elas, já que você me cobrirá de carinhos. Eles são as alegrias de minha vida, você sabe. Adeus, meu caro querido. Aninho-me contra você para sentir a doçura da sua carne encostada na minha pele. Deposito beijos loucos em todo o seu corpo que eu amo e beijo longamente seus lábios amados e seus lindos olhos que me miram e extasiam deliciosamente.

Até amanhã, meu amor, esqueça que ontem fui má, mas tive tanto medo de ter te perdido. Te amo. Sua amante querida,

Simone

Quarta-feira, meia-noite

Esta noite, de novo, Charles, adiei a explicação entre nós: estava muito nervosa e depois, na rua, no meio daquela multidão, não consegui.

O que está acontecendo com você, assim de repente?

Você tem de me responder com franqueza, meu querido, sem segundas intenções.

De uns dias para cá você está tremendamente mudado, Charles. Enquanto estava em Bandol, nunca tinha sido tão amoroso, tão meigo nas suas cartas. Não deixou, como eu, de escrever um só dia, e sua volta foi marcada por horas inesquecíveis. Depois, pouco a pouco, se afasta de mim. Nem sequer responde às minhas cartas. Mal te vejo, alguns minutos, de noite, e ali, perto de mim, você parece arrastar um invencível tédio. Está voluntariamente distante, desinteressado de tudo, e parece que te custa me dar aquele beijo de adeus que, enfim, te libera.

Enquanto eu tenho apenas uma pressa, a de reencontrá-lo, você já pensa no instante que vai nos separar.

Tínhamos pensado na possibilidade de nos ver uma noite esta semana, ainda estou esperando uma mínima proposta da sua parte. Falei do sábado. Você me respondeu que ia para o campo.

Tudo isso, Charles, me aborrece infinitamente.

Ontem à noite pensei que você andava com algumas preocupações banais. Dei uma volta pelo bosque para me acalmar. Mas hoje à noite, de novo, diante da mesma atitude de indiferença, não posso deixar de perceber a mudança completa que se operou em você.

Assim, mais vale entre nós uma explicação clara que porá tudo a limpo. Por que forçar sentimentos? *Se eu parei de ter para você a atração do desconhecido*, não precisamos persistir em nos ver, Charles. Precisamos nos dizer adeus, gentilmente, enquanto ainda podemos fazê-lo. Não devemos esperar. Não devemos nos arriscar a comprometer, com palavras duras, quatro meses de um total acordo. Devemos nos deixar assim como nos conhecemos, com um sorriso.

Nesta carta, veja bem, não há nenhum espírito triste de minha parte nem um desejo qualquer de brigar.

É sempre meu coração, somado ao meu profundo sentimento por você, que me dita esse comportamento. No fundo, talvez por não me conhecer o suficiente, você hesita em provocar, você mesmo, o rompimento. Não tema nada, Charles. Aconteça o que acontecer, você permanecerá sempre para mim uma das mais lindas lembranças da minha vida e sempre terei presentes na memória todas as nossas horas de loucura.

Mas esta noite eu precisava te dizer todo o meu pesar. Pois é o que sinto, como você pode desconfiar. As suas cartas de Bandol ainda são muito recentes para que as palavras deliciosas que elas contêm estejam apagadas do meu espírito.

E, além disso, estou escrevendo da minha cama, da nossa cama, sob a luz tão suave do meu pequeno abajur. Então, o que fazer, eu revivo em pensamento todas as nossas carícias, e lamento.

Não tem importância, sabe. Vai passar. Não se aflija. Se acabou, pois bem, diga. Sentirei uma grande tristeza, muita, muita saudade. Pois te amo, você sabe, gosto muito de você. Mas não me zangarei com você. No fundo, é tão normal.

Adeus, meu pequeno Charles, meu querido pequeno deus tão belo. Quer me deixar beijar uma última vez toda a sua carne adorada como eu gostaria de fazer no sábado e sempre, sempre?

Espero um bilhetinho seu, mas se isso te aborrece, não escreva. Entenderei.

Meus lábios sobre seus lábios num beijo profundo.

Sua amante que te ama.

Simone

Domingo à noite

Meu amado,

É a última noite que tenho de passar neste quarto. Amanhã à noite devo abandoná-lo e só com esse pensamento uma grande tristeza me invade. Parece-me que deixo aqui um pouco da minha felicidade e muito de mim mesma. Esta noite, veja você, mais que nunca uma multidão de lembranças flutuam ao meu redor, imagens perturbadoras passam diante dos meus olhos. Você está aqui, amor querido, pertinho de mim. Despe-se no banheirinho. Ouço os menores gestos que faz. Daqui a pouco vai aparecer, magnificamente belo na sua nudez. Este quarto é, hoje à noite, muito parecido com o que foi certo dia. Sobre a cômoda, a luzinha noturna espalha sua sombra suave até esta cama grande e ao meu redor, por todo lado, nos vasos, as flores que me deram ontem pelo meu aniversário me fazem pensar nas rosas vermelhas daquela linda manhã de julho.

Como eu gostaria, meu amor querido, de não estar sozinha nesta cama grande. Se pudesse te ter aqui, perto de mim, que loucuras seriam as nossas.

Ontem saí dos seus braços com a carne dilacerada. Com que raiva você machucava meu corpo, meu bem-amado, minhas queixas não te acalmaram e os seus dedos, por sua vez, se crispavam nas minhas nádegas num derradeiro sobressalto de desejo. Hoje, amor querido, sou um pobre corpo inerte. Tenho as marcas terríveis da sua paixão. Essas nádegas que você ama, você as açoitou tanto que elas já não estão bonitas, sabe. Conservam o traço do brinquedo cruel que se abateu implacável sobre a pele. Hoje são apenas um imenso "roxo" e desde ontem estou exausta por todas essas loucuras.

Mas como te amo, meu pequeno deus. Como estou feliz,

pois ontem entendi que em meus braços você tinha saboreado um êxtase real. Os seus olhos postos em mim estavam cheios de luz, cheios de alegria vitoriosa e os seus beijos eram tão meigos e tão profundos que nos seus braços eu esquecia minha tristeza. Diga, meu amor querido, que ontem fui uma escrava dócil e resignada, diga que a sua paixão cruel foi saciada e que os seus sentidos em delírio se acalmaram na vitória. Foi bom, diga?

Quis provar a que ponto sou sua. Essa prova, querido, eu precisava sofrê-la para que você saiba exatamente que *agora mais nada pode nos separar*. Se duvidava do meu amor, se temia que eu sucumbisse, veja, meu amado, quanto te amo. Eu não tinha dito que era sua escrava? Provei que sabia sofrer para que você seja feliz. Venha para perto de mim, esta noite também, meu amor querido. Venha! Esta cama é vasta demais para nós. Ela nos proporciona mais espaço já que nossos corpos se buscam para se abraçarem estreitamente. Me dê seus lábios, meu bem-amado, minha boca está ávida de seus beijos. Meus sentidos em fúria só se acalmam nos seus braços. Contra a sua pele eu sinto a sua carne muito suave. Ela me tenta irresistivelmente. Quero colar meus lábios no seu corpo, quero beijar apaixonadamente as suas coxas, beijar a sua bunda e o seu pau. Me deixe gozar com você também; meu desejo já se exaspera só com o seu contato. Quero te apertar contra mim, sentir a sua carne contra a minha, e quando me sentir embriagada de você, quando tiver fartado meus lábios, então você me pegará numa penetração louca, prolongará o seu desejo tanto quanto quiser, bolinará toda a minha carne com o seu membro duro. Ficaremos nós dois extasiados de volúpia.

Charles, meu querido amor, tenho medo. Tenho medo de, às vezes, te amar demais. Vivo na angústia perpétua de te perder. Quando você não está ao meu lado, eu sofro.

Tenho o incessante desejo do seu corpo, das suas carícias. Você sempre me aparece tentador e desejável e te quero com todas as forças do meu ser. Te adoro, meu bem-amado. Só tenho alegria nos seus braços e mesmo no sofrimento, mesmo derrubada pelas suas violências, é sempre um grito de amor que se eleva para você, meu pequeno deus. Me dê todo o seu corpo. Me dê o seu pau, como ontem; entre os meus lábios quero senti-lo pulsar, quero ver você fechar os olhos sob o gozo que se aproxima, e quando não conseguir mais segurar o seu esperma que se solta, minha boca ávida é que o recolherá. Nem uma gota escapará, vou engolir tudo. Te amo. Me dê teus lábios adorados.

Charles, estou perdendo a razão. Sinto meu cérebro se desarranjar. Agora te amo demais. Sou sua, perdidamente. Quero sofrer de novo, sob a sua violência, porque sei que esse é o seu desejo, porque sei que é assim que você concebe o amor. Te amo com os seus vícios, com as suas paixões, por mais perversas que sejam. Te quero, te desejo furiosamente. Tenho desejo da sua bunda e do seu pau. Estou destruída. Até amanhã, meu grande amor. Diga que nunca nos deixaremos. Diga que me ama com toda a força do seu vício. Como eu seria feliz se você conseguisse me escrever!!!

Te amo, Charles querido.

Simone

Meu amor querido,

Acabo de encontrar sua carta. Que agradável surpresa e que prazer ela me deu! Finalmente te reencontro tal como você sempre foi nestes quatro meses: um amigo encantador desde os primeiros dias, um amante delicioso depois. Estou feliz, meu amor querido, por ter sabido te dar horas de felicidade e só peço uma coisa, que elas continuem o maior tempo possível, pois nosso amor é realmente muito bom, não é, amado?

Mas sim, virá um dia em que te deixarei realizar a experiência com a qual você sonha. Você amarrará meus pés e meus pulsos nos cantos da cama e me chicoteará furiosamente. Sob a mordida do chicote, não conseguirei segurar meus gemidos e minhas súplicas não te comoverão porque você vai querer fazer minha carne sofrer até o fim. Mas diante de um espetáculo desses você sentirá o desejo despertar no seu sangue. Com um clarão feroz no olhar, pronto para todas as loucuras, beijará perdidamente meu traseiro machucado no qual as correias impiedosas terão deixado marcas sangrentas. Que instante maravilhoso para você! Terá satisfeito a sua paixão, terá saciado o desejo que te obceca e me possuirá furiosamente numa relação apaixonada.

É verdade, amor querido, que pensei em você ontem à noite como penso todos os dias. Mas essa carícia solitária não acalma meus sentidos tão completamente como eu gostaria. Sempre me falta a sua penetração, meu amante querido, e para mim nada pode igualá-la, pois você sabe meter em mim muito bem e só o contato da sua carne jovem na minha bunda já basta para fazer brotar em mim um êxtase delicioso.

Eu gostaria de entrar em você assim, gostaria de sentir na minha carne a pulsação da sua. Infelizmente, não posso eu mesma te fazer essa carícia suprema, e sempre terei de recorrer a métodos improvisados. Mas quero encontrar um auxiliar quase autêntico para te ver gozar deliciosamente nos meus braços.

Amado querido, gostaria de sentir de novo a sua língua e os seus lábios entre as minhas coxas. Gostaria que você chupasse o meu botão como fez no sábado, pois guardei dessa carícia uma lembrança ardente. Foi infinitamente gostoso gozar assim, meu caro querido, e também fiquei feliz de engolir o melhor de você. Que visão deliciosamente sugestiva ver a cabeça rosa do seu pau enfiado cada vez mais entre os meus lábios. Se eu tivesse ousado, teria me masturbado ao mesmo tempo, para que gozássemos juntos, levados ao mesmo tempo na mesma vertigem de volúpia. Mas já estava me sentindo sem forças. Você tinha me esgotado, meu amor. Ah! Depressa, volte dessa viagem para que nos amemos de novo, apaixonadamente. Ainda morro de sede dos seus beijos e das suas carícias e só as suas metidas conseguem me satisfazer completamente. Todo o resto apenas faz crescer meu desejo, que cada vez mais faz de mim sua prisioneira.

Adeus, meu amor querido. Vou te ver daqui a pouco. Preciso beijar loucamente a sua boca e os seus olhos. Te amo, meu Charles querido. Nunca me dê a tristeza de se afastar de mim. Mostre de novo toda a ternura. Diga todas as loucuras com que sonha. Agora sabe que te pertenço inteira, e que sempre seguirei a sua fantasia, por mais depravada que seja.

Meu amor querido, te deixo. Aninho-me nos seus braços e te olho dormir, meu pequeno deus.

Sou sua, toda.

Sua amante que te ama muito.

Simone

Terça-feira

Meu querido amor,

Obrigada por sua longa prosa que eu esperava com todas as minhas forças. Eu precisava ler os seus pensamentos mais loucos para me convencer de que nos meus braços você é feliz. Por que diz que eu sou exigente? Você também não é, meu bem-amado? Se minhas cartas te dão prazer, você deve imaginar que para mim a alegria também é grande.

Sim, meu querido, te peço perdão por ter descumprido a minha palavra. Eu tinha te prometido trazer um auxiliar precioso, mas, veja, no último minuto continuo hesitante. Tenho medo de parecer tão depravada, tão perversa! Não sei que loucura me impele a querer — com você — sensações semelhantes. Você me faz feliz, meu caro querido, muito feliz. Nos seus braços conheço momentos deliciosos e minha carne, agora que tomou gosto por esses carinhos, não conseguiria aceitar o bom comportamento. Você não sabe a que ponto desejo nossas relações. Sentir você, nu contra mim, acariciar todo o meu corpo, despertar em você o imperioso desejo de me possuir, tudo isso, sabe, me enlouquece. Que êxtase ver pouco a pouco o seu pau endurecer, vibrando, agarrá-lo com meus lábios gulosos, espiar nos seus olhos a luz do prazer que minha carícia faz nascer. E depois, te dar a outra carícia, essa que você espera, grudado em mim, porque você a espera, querido, agora eu sei. Senti toda a sua carne se contrair em contato com a minha língua, e quando o meu dedo entrou mais profundo uma crispação de prazer me fez entender que o gozo estava bem perto. Quis te dar a ilusão de não ser mais uma mulher e me grudei nas suas nádegas trêmulas, te abraçando com o meu braço que estava livre, enquanto remexia na sua carne secreta com um dedo impaciente. É isso que você quer, que procura? Você esquece meu sexo? Você é tarado a esse ponto, amado querido, de gozar achando que eu sou homem? Tem razão, amado, é uma sensação surpreendente essa de posse, e não me zangaria se ela fosse o seu pensamento secreto. Se posso te dar o mesmo prazer, que bom, e para mim, me excita imaginar que estou metendo em você. Gozo perdidamente quando estou sentada em cima de você. O que você quer que eu encontre para te dar uma ilusão ainda maior da realidade? Existe um meio qualquer que substitua os meus meios pessoais para te fazer gozar? Me indique. Me guie. Te seguirei cegamente. Não, já não dá mais tempo de nos determos. Cada dia deslizamos mais para o vício. Nossa perversão nos arrasta para ideias loucas. Mas quem de nós se queixaria! Assinamos tacitamente um pacto entre nós desde o dia em que aceitamos, um e outro, nos amar. Agora, nada pode rompê-lo, a não ser a saciedade. Ainda nem sequer chegamos lá, e viveremos belas horas.

Sim, para nos amarmos como queremos, precisaríamos de um ninho discreto onde nada viesse perturbar nossas relações. Precisaríamos nos isolar do mundo para sermos apenas "nós". Neste inverno procuraremos um canto, você quer? Já que, infelizmente, agora você vai partir por tanto tempo. Três longas semanas sem te ver, sem te amar. Ah, querido, como vai ser longo.

Mas na sua volta, se ainda me desejar (viu só, não digo "se ainda me amar"), me reencontrará impaciente para saborear de novo entre os seus braços as carícias ardentes. Se ama machucar minhas nádegas, então as entregarei sem reserva e sem medo, pois agora que sofri sob o chicote, já não tenho tanto medo dele e sei que te darei muito prazer me deixando manipular docilmente.

Meu bem-amado, sou sua pequena escrava. Trate-me como tal, mas guarde para mim as suas carícias, sempre, sempre.

Sabe que estou ligada a você de modo muito forte, não sabe? Sabe que agora te amo tremendamente?

Meu querido, meu pequeno deus, como os seus olhos são suaves. Dê também os seus lábios. Que volúpia infinita estar assim nos seus braços, estremecer sob as suas carícias, mesmo as mais brutais. Te sentir dentro de mim, na minha bunda estremecendo, que o seu pau bolina ardentemente, é um gozo inesquecível que ultrapassa todos os que conheci e imaginei.

Está bem, te darei esse gozo. Também vou enfiar no seu cu, e você vai esporrar, voluptuosamente.

Te amo.

Até logo, meu bem-amado.

Sua Simone

5h30

Meu amor querido,

Te envio a longa carta prometida.

Primeiro, preciso agradecer as quatro longas páginas apaixonadas que você me deu na sexta-feira. Como expressar toda a minha alegria quando abri o envelope e descobri aquelas linhas apertadas, ardentes. Sem dúvida, eu queria uma carta, mas não esperava uma tão longa, pois desde Bandol perdi o hábito de te ler assim.

Eu tinha me desligado de você com um pesar de todo o meu ser. Estávamos tão perto um do outro, na sexta-feira! Eu sentia palpitar contra mim todo o seu corpo adorável e o seu pau endurecia entre os meus dedos; com que paixão eu teria te possuído, meu adorado. Nunca, como naquele instante, tinha sentido minha carne inteira vibrar tão profundamente. Tive o pensamento absurdo de que talvez ia te deixar para sempre. Por um segundo essa ideia cruzou minha mente e te apertei com paixão, cerrando seus lábios prisioneiros dos meus lábios abrasantes.

E por dois dias e duas noites meu cérebro alucinado e meu corpo no cio desejaram ardentemente retornar a você, que me esperava paciente.

E agora saio dos seus braços, meu Amante adorado. E saio dos seus braços, sem pensamentos e sem forças, mas toda a minha carne se lembra e ainda estremece como sob o fogo dos seus beijos. Ah! Que hora maravilhosa acabo de viver com você. Mal a porta se fecha, você me estica os braços e neles me aninho toda trêmula de desejo e amor. Sua boca cola na minha, num beijo sem fim que nos extasia. Sua mão desliza lentamente para as minhas coxas enquanto procuro o seu pau, que já levanta um pouco a cabeça altiva. Você descobre enfim o buraquinho tão amado e o seu dedo voluntarioso entra no meu cu enquanto eu masturbo o seu pau, e minha mão tenta agarrar as suas bolas para acariciá-las suavemente. Nossos lábios sempre grudados, ficamos ali, bem apertados um contra o outro, e aos poucos o desejo cresce, mais imperioso.

Vamos depressa... Os minutos são preciosos, meu adorado, e tenho tanta fome de você, de toda a sua carne que obcecou minhas noites solitárias!

Veja, já estou nua, deitada sobre o lençol e te espero. Ande depressa, meu amado, venha me encontrar.

Mas o seu corpo adorado é realmente tentador demais, com sua pele esplêndida, suave e branca, e esse pau que fica duro desperta em mim um desejo alucinado. Agarro-o com a boca escancarada. Um gemido de felicidade escapa de meus lábios. Tenho comigo, enfim, essa pica esplêndida que chupo avidamente. Aos poucos, ela vai engrossando entre meus lábios e se curva. Fico feliz, meu bem-amado, mas você, por sua vez, quer provar minha carne ofegante.

Cola a sua boca na minha boceta. Seus lábios cercam meu botão que estremece deliciosamente com essa carícia enlouquecedora. Toda a sua carne está ali, em cima da minha carne. Sua cabeça castanha desaparece entre as minhas coxas, seu ventre cola no meu ventre. Suas coxas emolduram meu sexo. Continuo com o pau na boca mas, deliciosas e macias, suas bolas escuras estão ao alcance dos meus lábios. Vou tentar uma carícia ainda mais rara, nunca ousada. Bem devagarinho, minha boca engole essa carne morna. Ali, entre meus lábios, palpita e vibra uma de suas bolas. Minha boca o devora de beijos, com avidez, o cerca inteirinho e meus lábios se fecham sobre ele. Ele está ali, todo palpitante como um passarinho e é deliciosamente gostoso. Com essa carícia nova você estremece inteiro, vibra. Seu corpo pesa mais sobre o meu corpo, formamos um só ser, estamos estreitamente ligados. E por longos minutos, sem afrouxar um só instante nosso abraço, chupamos mutuamente nossas carnes em delírio e o gozo ardente e doloroso nos mantém ofegantes.

Com que amor você lambe essa carne, meu Charles. Enquanto sua língua cumpre seu trabalho diabólico, você enfia dois dedos no meu cu e sinto apenas gozo. Você geme de volúpia com essa orgia, minha boca aperta mais forte as suas bolas, minha mão se crispa em volta do seu pau e eu entrego os pontos. Depois de quanto tempo? Ninguém saberia dizer.

Estou sem forças, exausta, mas você ainda não está satisfeito, e enfia na minha boceta o membro formidável. Veja, meu amado, olhe, olhe. É assim que eu faço quando estou sozinha e meu desejo de você é grande demais. O membro entra e sai, vai e vem nessa carne ofegante. Eu fodo comigo mesma, diante dos seus olhos. Você enfia um dedo no meu cu, depois outro, e masturbo o meu botão enquanto minha língua entra no seu cu, bem fundo. Chupo apaixonadamente essa bunda adorável.

Pode-se sonhar com orgia maior, com libertinagem e vício mais perfeitos? Todos os gozos, nós os vivemos em uníssono e arquejamos de sádica volúpia. Perdemos a razão com essas carícias maravilhosas, e isso não acabou, não, isso não acabou.

Minhas unhas machucam a sua carne mas não aguento mais. Você me esvaziou a boceta e a mente, com suas metidas diabólicas, tão perfeitamente conduzidas. Agora quero ver o corpo do meu amante estremecer irresistivelmente diante da última prova. Quero vê-lo gozar enfim até a última gota, como ele fez comigo.

Os seus dedos crispados apertam seu próprio pau. "Estou batendo punheta, meu bem, batendo punheta", você me diz com a voz falha. Vire-se para mim. Não quero perder nada dessa carícia sádica. Os seus olhos esplêndidos queimam com um fogo ardente. Você contempla por um instante o corpo da sua amante que continua debaixo de você. Parece que procura o lugar onde vai soltar toda a porra do seu pau. Estou pronta, meu adorado, para receber o batismo sagrado que me ligará para sempre ao corpo do meu amante. Masturbe, sim, esse pau maravilhoso que endurece sob o aperto dos seus dedos, mais, mais. Quero encher meus olhos dessa visão única: realizando o gesto depravado entre todos os gestos, subimos mais um degrau no nosso vício. A porra que os meus lábios ou a minha boceta tantas vezes fizeram jorrar, hoje é você que vai me dar.

Uma primeira gota surgiu na ponta do seu membro. Você o aperta mais com os dedos; então enfio na sua bunda um dedo voluntarioso e remexo na sua carne, no mais profundo do seu cu. Um gemido, um grito, um tremor de todo o seu ser e você goza perdidamente, loucamente em cima do meu peito, da minha barriga. O esperma jorra como eu queria, abundante e quente, e minha mão o espalha com alegria por todo o meu corpo. Lambuzo o seu pau com essa porra adorada. Como você me molhou bem, meu adorado, e como te amo! Estou feliz, muito feliz. Sou sua para sempre, você quer?

Minha esperança não se frustrou. Nossa loucura se realizou do modo como pedíamos. Eu soube te fazer gozar bastante para me cobrir com a sua porra e toda a minha carne conserva para sempre a sensação maravilhosa que ela pedia.

E você, meu bem-amado, também está feliz? Não frustrei a sua expectativa? Soube te levar ao gozo supremo do modo como você queria?

Acha que é possível descobrir carícias mais raras que as nossas? Paixões mais sádicas seriam possíveis? É possível atingir outras volúpias mais suaves, diga, acredita que é possível?

Olho em minha carne o vestígio de seus beijos. Estou moída por suas sábias metidas. Quem te ensinou, me diga, a possuir assim, meu admirável amante?

Tenho a impressão de ainda sentir na boca as suas bolas latejantes. Foi hoje que as descobri. Elas são deliciosas entre meus lábios, tão pequenas, tão suaves, tão quentes! Diga se esse carinho fez nascer em você novos gozos.

Como expressar minha felicidade de sentir entre minhas coxas a sua cabeça castanha? Os seus lábios sorvem minha porra até a última gota pois você sabe me chupar tão bem que, apesar da dor dos gozos sucessivos, não tenho vontade de arrancar seus lábios do meu botão que endurece. Se minha carícia pudesse te fazer feliz, eu a esbanjaria para você, com amor, pois para mim nada é mais doce do que sentir a sua carne sob meus lábios.

Esta noite vou pensar em você. Reviverei em pensamento e em sonho nossa loucura. Gostaria de reencontrar a ardente sensação que me deu o seu esperma sobre a minha pele. É inesquecível e esse gesto devasso está para sempre gravado na minha memória.

Agora, quando pensar em você sempre vou te ver masturbando o seu pau maravilhoso com um ardor que só se iguala ao que demonstrei ao contemplar esse quadro sugestivo.

Amanhã à noite, se você puder, gostaria de ter uma longa carta para ler. Estou louca para saber o que sentiu, meu adorado, e quero que me diga de novo que eu te fiz gozar bem.

Estou muito cansada, sabe? E preciso parar de escrever, já é quase uma hora.

Até amanhã à noite, meu amor querido.

Te beijo loucamente como te amo, por toda parte, por toda parte. E se quiser me fazer feliz, pois bem, grude a sua língua no meu botão que está endurecendo e me faça gozar perdidamente, até perder o fôlego. Pego na boca as suas bolas adoráveis e vou chupá-las amorosamente, sem esquecer a irmã delas, a sua pica que eu adoro.

Escreva depressa, te amo, toda tua.

Sua safadinha Simone

Segunda-feira, meia-noite

Meu querido amor,

Fui má, muito má com você, hoje. Peço desculpas, mas hoje de manhã senti tristeza, pois contava que encontraria no escritório uma longa carta sua. Não só não encontrei nada, como na hora do almoço te achei frio, distante e me senti mal, muito mal. Meu amor amado, foi o nosso último encontro que te decepcionou? Eu não soube te dar todas as sensações que seu ser desejava? Você saiu de meus braços descontente, sem ter satisfeito todos os seus desejos secretos? No entanto, quis te dar todos os êxtases possíveis. Tentei proporcionar com meus parcos recursos um gozo novo para você. Foi isso que, creio, não te deixou a impressão profunda que procurava. No entanto, acabo de reviver a cena e tive de me levantar, às voltas com a febre dos meus sentidos, que nenhum sexo vem acalmar. Pense, meu amigo querido, no que foram aqueles minutos... Mal você se despiu e o chicote já se abatia sobre o meu traseiro. Os golpes açoitavam minha carne trêmula que seus lábios beijavam em seguida. Você remexia com os lábios impacientes o buraquinho marrom que esperava muito mais, e já um desejo louco me tomava. Seu pau duro se estendia, também vibrante de desejo. Ele pedia o carinho dos meus lábios para inchar ainda mais a cabeça rosa e altiva. Latejava deliciosamente na minha boca mas nós dois queríamos outra coisa, todo o seu ser esperava a experiência tanto evocada... A sua bunda muito bem apresentada me enlouquecia. Era o momento exato em que íamos realizar aquele sonho louco de te dar a ilusão de ser, por sua vez, possuído por um membro viril. Um dedo prepara o caminho que deve ser seguido, dali a pouco, pelo auxiliar (infelizmente, bem medíocre) que seguro na mão. Toda a sua carne íntima estremece de prazer quando se aproxima esse instante. Afasto as suas nádegas e, ali, não sei mais o que aconteceu. Sinto um medo alucinante de que você tenha se decepcionado tremendamente. No entanto, minha mão estava segurando o seu pau, e o masturbava, e você mesmo deu o sinal para parar. Estava pronto para me possuir e a sua pica entrou no meu cu. A vertigem do gozo nos arrastou, a nós dois. E mais tarde, você me fez feliz quando os seus lábios se colaram no meu botão. Você me chupava deliciosamente e nesse instante eu saboreava sensações alucinantes. Com seu pau na minha boca, você gozou, meu bem-amado.

O que houve, Charles querido? Foi uma ilusão ou não me enganei? Fale francamente, me diga a verdade. Entre nós a mentira seria inútil... Você sabe que não trocamos nenhum juramento e que só nosso prazer mútuo nos liga um ao outro. Se meus carinhos não têm mais encanto, se a saciedade ou a repulsa chegaram, diga, meu bem-amado, mas não me cause mais o desgosto de te ver tão frio e tão distante. Ligue amanhã para dizer se quer me ver na hora do almoço ou se quer partir com o nosso adeus de hoje de manhã.

De meu lado, vou tentar dormir pensando em você. Não prometo ser bem-comportada.

Grudo meus lábios nos seus ou pego o seu lindo pau. Te amo e te beijo loucamente por todo lado. Até amanhã, meu querido.

Sua Simone

Sexta-feira de manhã

Meu Charles querido,

Encontrei de manhã, no correio, o seu *pneu* de ontem, que chegou como carta. Você pode imaginar as horas que vivi desde ontem de manhã e a noite pavorosa que passei. Sem resposta à minha carta, pensei que tudo tivesse acabado entre nós. Então, então, o que podia fazer senão sofrer?

Agora passou. Ouvi sua voz e meu coração bateu de alegria. Meu querido pequeno deus, sei enfim que você fica. É um pesadelo que se dissipa para dar lugar à mais deliciosa realidade. Mas sofri um bocado, sabe. Por minha culpa, você dirá. Sim, talvez, mas também por sua culpa, pois você ficou tão triste perto de mim todas essas últimas noites que me foi permitido imaginar que só o tédio da nossa união podia agir assim sobre você. Vamos, não pensemos mais nisso. Aprenderei a te conhecer melhor para te amar melhor.

E olhe que já te amo tanto, com uma ternura tão profunda que não creio ser possível vê-la crescer ainda mais. Ontem vi a que ponto você me é querido e o quanto me fazem falta as suas carícias. Tenho pressa, muita pressa, de te apertar apaixonadamente nos braços, de aspirar o perfume da sua carne, de me inebriar com os seus beijos profundos que tomaram todo o meu ser. Meu amor querido, quero viver ao seu lado horas ainda mais ardentes e quero esquecer sob o seu encanto todas aquelas tão tristes passadas na angústia e nas lágrimas. Prepare-me volúpias, elas me fazem falta há tantos dias. Faça-me sofrer com a sua violência. Minha carne exige a dor do chicote e quando você me tiver cativa em seus braços, quando tiver brincado com meu corpo ao sabor da sua paixão cruel, me dará a recompensa maravilhosa que espero com todas as minhas forças.

Charles querido, quantos dias se passaram desde a nossa última relação! Tenho em mim o desejo louco de todo o seu corpo, e o medo de te perder para sempre e a alegria imensa de ter te encontrado vão me jogar nos seus braços mais amorosa que nunca. Quero beijar apaixonadamente toda a sua carne provocante. Quero agarrar com meus lábios seu pau vibrante e fazer jorrar com minhas carícias o melhor de você mesmo. Mas quero sobretudo te possuir de novo, numa posse furiosa. Quero te sentir vibrar irresistivelmente. Quero que me ofereça sua bunda para que minha língua e meus dedos preparem o caminho misterioso em que meu "membro" impaciente se aventurará para te agarrar inteirinho, para te dar de novo essa sensação maravilhosa que você exige, eu sei, tão intensamente como eu.

Quando quiser, meu bem-amado, me encontrará pronta para te amar, pronta para sofrer, pois sei que me fará sofrer para me punir por ter sido má. A sua carta de ontem contém uma ameaça que me faria tremer se eu não te amasse tanto. Bata, querido, bata, vingue-se. Eu te pertenço, todo o meu corpo é seu. Sou feliz nos seus braços, *pois te adoro*. Espero seu telefonema. Poderia ir te ver hoje à noite? Estou louca para te rever, para colher meu perdão dos seus lábios amados. Adeus, meu querido amor, me abrigo entre as suas coxas e beijo apaixonadamente seu pau bonito. Me dê sua boca, Charles querido, e depois, seus olhos. Te amo, sabe? Quero te ter para sempre, sempre. Até de noite, bem-amado.

Sua Simone

Quarta-feira

Meu caro amor querido,

Que hora maravilhosa passei ontem em seus braços! Ela permanecerá gravada em minha carne e em meu coração por todos os êxtases que me deu. Eu estava feliz, muito feliz. Sentia o desejo crescer em você. Seus olhos tinham esse clarão estranho que me fascina e perturba, e que ar vitorioso quando você amarrava minhas mãos... Eu estava ofegante, esperava essa prova com toda a força do meu amor. Queria não te decepcionar. Terei conseguido, amado querido? Eu sofria, sem dúvida, com o chicote, mas não sentia o carinho dos seus lábios em minhas nádegas machucadas?

Amor querido, acha que é possível viver mais intensamente minutos semelhantes? Penso que não. Creio que saboreamos juntos êxtases tamanhos que nada, jamais, poderá nos fazer esquecê-los. A cada encontro nos ligamos um ao outro por nossa depravação. Cada relação nossa nos liga um pouco mais. Sempre o mesmo desejo nos joga perdidamente nos braços um do outro. Que essa alegria imensa dure mais longos dias! Que nada jamais nos separe! Eu sentiria uma pena enorme.

Eu te pertenço inteiramente, meu caro amante querido, e não quero pensar nos dias tão tristes em que você se cansará de mim. Diga que me ama, Charles, e que nos meus braços você é feliz. Quero te ouvir dizer isso para sossegar meu coração. Beijo loucamente todo você.

Simone

Meu adorado,

Seu *pneu* me pegou ontem no exato instante em que eu ia embora, quando não o esperava mais. Minha alegria foi dupla. Você tinha respondido e sua resposta era aquela que eu esperava. Te adoro.

Fico feliz que, dessa vez, minha carta tenha sido do seu agrado. Sei do que você gosta, meu querido apaixonado. Pois bem, escute:

Também quero entre nós carícias inacreditáveis. Quero que tiremos de nossos corpos o máximo de gozo para que jamais possamos nos esquecer. Sim, querido, no nosso penúltimo encontro me dei conta de que você desejava essa relação nova e te falei de toda a perturbação que senti quando, tão suave, tão terno, você enfiava o seu pau quente e duro entre meus lábios úmidos. Era uma delícia infinita te sentir meter na minha boceta. Você soube despertar em mim o desejo dessa posição que eu tinha voluntariamente excluído de nossas relações por diversos motivos. No nosso próximo encontro é assim que você deverá meter em mim, se quiser, mas para atenuar a banalidade de uma posse dessas, você sabe o que espero. No meu cu é você que fincará esse membro incansável. Entre os seus dedos hábeis ele fará maravilhas, pois você guiará sua ronda infernal pela carne escura, e, quando tiver me deixado meio atordoada com esse gozo delicioso, então me pegará, meu bem-amado. Fará seu lindo pau penetrar em mim, foderá comigo apaixonadamente, com todo o seu fogo e toda a sua ternura e me sentirá vibrar num gozo que te dará a impressão de me possuir pela primeira vez. Nosso amor conhecerá assim uma renovação deliciosa. Se sobrarem em nós forças suficientes, quero que seja brutal e cruel. Quero que me faça sofrer sob as chicotadas implacáveis que lanharão minha carne com marcas avermelhadas. Te oferecerei meu traseiro indecente e você o machucará com toda a sua paixão raivosa. E quando tiver aplacado seu desejo de tortura, você beijará minha carne febril com seus lábios escaldantes. Ah, querido, as belas volúpias que nosso desejo nos prepara! Como você, estou louca para vivê-las. Sim, minha amante adorada, serei seu amante e minha paixão te dará, espero, alegrias profundas. Me dê seu corpo tão suave, quero beijá-lo com ternura, quero chupar o seu pau, quero chupar o seu cu com toda a minha boca e te possuir irresistivelmente com meu membro impaciente. Venha oferecer à penetração o buraco marrom da sua bunda. Afaste as nádegas com as mãos apressadas. Minha língua, está sentindo, abre o caminho misterioso. Ela penetra em você tão profunda quanto consegue. Ela te dá um gostinho prévio da metida próxima que te deixará sem forças em meus braços. Veja, grudo meu ventre na sua bunda. Me dá, me dá. Está sentindo a cabeça enorme que fica ali demorando, na entrada? Ela sobe, desce pelo rego. Uma mexida com o quadril e enfio no seu cu, apaixonadamente, meu bem-amado. Está gostoso, diga, está gostoso?

Prefere que me masturbe diante dos seus olhos? Pois então, olhe. Entre as coxas bem afastadas, veja o meu dedo que vai e vem. Ele roça o botão que se oferece com a carícia deliciosa. Meu ventre treme de prazer e daqui a pouco você poderá colar os lábios para recolher o licor abundante que escapa do meu botão. Mas quero que faça o mesmo gesto comigo. Quero ver a cabeça rosa do seu pau inchar entre os seus dedos. Quero que também me dê a visão sugestiva de quando você se masturba, e gozaremos em uníssono num mesmo êxtase.

Essa descrição me enlouquece, literalmente, meu amor querido. Quero provar mais uma vez como te amo. Sou uma tremenda sem-vergonha, meu amado, e você sabe despertar muito bem em mim o desejo de realizarmos juntos carícias perversas.

Acha que conheceremos a volúpia o suficiente no nosso próximo encontro? Mas precisaríamos de mais tempo para nós, pois sempre nos apressamos muito.

Toda a minha carne já treme só de pensar nessas metidas. O que será então quando as viver em seus braços?

Adeus, meu querido amor. Beijo com ardor toda a sua carne deliciosamente tentadora. Grudo minha boca em seus lábios com um beijo profundo, esperando poder te dar melhor e mais da próxima vez.

Até lá, comporte-se para ter a força de me fazer gozar como nós dois queremos. Estou louca para sentir na minha boceta a doce possessão do seu pau cuja última carícia deixou ali uma deliciosa lembrança. E você, também quer assim? Vamos agora infringir nossas convenções? Pouco importa, te amo demais, mas sei que seu vício saberá me levar depressa para o caminho proibido. Te beijo muito ternamente, meu caro querido.*

Simone

---

* Esta carta marca uma guinada importante nessa paixão: os dois amantes, cerca de seis meses depois de se encontrarem, invertem os gêneros, e a coisa se inscreve não só nos atos como nas palavras. Até agora, Simone se colocava como amante submissa aos fantasmas e aos desejos brutais de seu parceiro, cedendo não só às suas pancadas como também no capítulo da "relação normal" a que antes se recusara furiosamente, e pela qual toma gosto, verdadeira revelação.

Mas o gosto de Charles pela sodomia, que de agora em diante já não apresenta mais nenhuma dúvida para Simone, dá a ela, que se atreve cada vez mais, a oportunidade de mostrar um comportamento mais diretivo da sexualidade do casal.

Sem dúvida, ela se declara, nessa mesma carta, sua "escrava submissa", pronta para sofrer de novo as surras redobradas, mas também lhe escreve: "Minha amante adorada, serei seu amante". Não propõe isso, nem sugere; decreta. Hoje, Simone, mais amorosa que nunca, toma a direção dos negócios.

É ela também que teme cada vez mais que Charles se canse dela; portanto, precisa tomar a iniciativa e se afirmar, para satisfazer os desejos secretos de seu amante e, sobretudo… para conservá-lo.

14 de dezembro

Meu querido amor,

Sabe que hoje era um aniversário? Sim, já faz seis meses que nos conhecemos. Seis meses que pela primeira vez ousamos nos falar depois de tantos dias. Nós dois desejávamos isso ardentemente. Lembra-se, querido? Lembra-se daqueles vis-à-vis no ônibus, das olhadelas furtivas, dos olhares carregados de promessas que trocávamos? Você era delicioso, sabe, Charles querido. Na época era muito tímido. E como eu me divertia em te encorajar, te encarando nos olhos ao longo de toda a viagem.

E depois, um dia, você falou comigo, abruptamente. Respondi, com o coração disparado, e foi daí que nasceu nossa bela história que há seis meses é tão cheia de encanto.

Meu querido amor, hoje gostaria de estar ao seu lado. Gostaria de me inebriar com seus beijos depravados e suas carícias perturbadoras. A lembrança de nosso último encontro obceca minhas noites. Gostaria de reviver aqueles minutos enlouquecedores que me deixaram tão atormentada.

Mas será preciso esperar mais uma longa semana antes de poder te encontrar.

Veja, meu amado, estou me despindo com a maior pressa para ir te encontrar sobre esse grande lençol onde você já repousa, nu em pelo, com as nádegas oferecidas a meus beijos. Ali, no rego escuro, deixe-me deslizar minha língua voluntariosa. Sinto toda a carne morena que cede sob a pressão e minha língua entra na sua bunda, remexe, lambe enquanto minha mão acaricia suavemente as bolas e o pau que endurece. Para não perder um segundo, masturbo o meu botão que incha diante desse quadro sugestivo. Meu gozo é duplo, Amado, e molho suas coxas com o licor de minha boceta. Olhe, agora é sua vez de colar a língua ali, entre os lábios... Acabe com sua amante bem-aventurada. Sob seus beijos sábios, faça-a desmaiar de volúpia em seus braços. Prepare-a para a grande batalha que daqui a pouco vai lhe travar a sua pica triunfante. Ela já se prepara. Acima do meu ventre, dardeja sua cabeça rosa e voluntariosa. Ergue-se ameaçadora acima de minha boca onde daqui a pouco desaparecerá no fundo de minha garganta. Algumas lambidas fazem pingar um pouco de esperma na ponta dessa pica tão amada, mas é ali no meu sexo que ela quer esporrar irresistivelmente. No meu cu você finca atrevidamente "o outro pau". Olhe como ele vai e vem entre minhas nádegas. Cumpre o mesmo gesto que fará o seu pau na minha boceta e já sinto o gozo melando meus lábios. Me possua, amor querido, me foda loucamente. Que o seu pau entre bem no fundo da minha boceta. Mexa, mexa, enquanto a sua mão incansável guia a brincadeira do outro dentro do meu cu.

Que orgia, meu amado, que arrepios voluptuosos percorrem nosso corpo! Toda a nossa carne estremece de prazer devasso e gozamos incrivelmente com essas duplas carícias.

Aí está, meu caro querido, o que será mais uma vez nossa próxima hora de liberdade depois de seis meses. Acha que éramos feitos para nos entender? Acha que ainda poderemos ser felizes?

Viva sábado que vem, quando realizaremos essas loucuras. Estou louca para me aconchegar nos seus braços e sentir contra mim o calor da sua carne.

Te beijo loucamente onde você quiser.

Sua Simone

Meu querido amor,

Por que não escreve com mais frequência cartas como a que me entregou ontem à noite? Com que alegria a li e reli e como meu coração batia de desejo e felicidade...

Te amo, te amo perdidamente, loucamente, te amo com meu coração, te amo com minha carne e meus sentidos apaixonados. Longe ou perto de mim, sou apenas desejo e quando te tenho todinho nos braços, respirando o perfume inebriante do seu corpo maravilhoso, gostaria de fechá-los sobre meu tesouro, sobre minha felicidade, para sempre. Nesse instante, sob a carícia dos seus lábios, sinto crescer em mim toda a ardente paixão que você soube me inspirar e que cada dia se torna mais viva.

Ah, meu querido amante adorado, não mude. Fique assim como é... O seu vício não é o meu vício? A sua paixão não se tornou a minha paixão? Você me criou à sua imagem* e te arrastei comigo para as carícias sádicas e voluptuosas que o meu espírito inventou para te manter. Estamos ligados, irresistivelmente... Formamos um só corpo, que a volúpia e o vício possuem, e para nos separar seria preciso uma Força mais poderosa que nosso Amor. Permaneçamos unidos, meu bem-amado, apertemo-nos um contra o outro e nossa felicidade durará o tempo que quisermos.

Como você, espero nosso próximo encontro. Depois de um prolongado beijo em que poremos todo o nosso coração, uma a uma cairão as roupas que cobrem nossos corpos. Quando estivermos nus, nós dois, num mesmo ímpeto de paixão iremos um em direção ao outro e o contato de nossos corpos febris nos fará

---

* Simone, que qualifica Charles de pequeno deus em inúmeras cartas, chega ao ponto de usar expressões bíblicas, atitude que diz muito sobre a fruição que agora sente em transgredir, no caso chegando à blasfêmia.

estremecer deliciosamente. Que instante é mais doce, bem-amado, do que esse minuto em que você me abre os braços? Em pé, encostada em você, sinto toda a sua pele contra a minha. Seu pau duro já toca na entrada da minha boceta, que a cabeça dele, rosa, afaga. Agarro-o entre meus dedos enquanto sua mão desce até o meu botão, masturbando-o devagarinho... Nossos lábios se juntam, minha língua procura a sua num beijo inebriante... Ah, venha, venha depressa; os minutos se escoam... Esmague-me com o peso de todo o seu corpo, sobre o meu corpo...

E começa a festa. A festa de nossos sentidos no cio... Hoje, vamos subir mais um degrau. Esse gesto até hoje jamais ousado, vamos executá-lo. Deitada de costas, contemplo toda a sua nudez. A carne nacarada está ali, na minha frente. Como você é bonito, meu pequeno deus...

Pegue o seu pau entre os dedos. Eu olho... Pego o outro também, meto na minha boceta e fodo comigo mesma, diante dos seus olhos. Me masturbe, meu amor. Já com a sua carícia, a sua pica incha. Vejo a cabeça rosa emergindo de seus dedos crispados. Enquanto meto em mim, com a outra mão acaricio o seu cu. Um dedo remexe a sua carne íntima, que se contrai. Que visão, meu adorado! Você vê a sua amante fodendo a si mesma e vejo meu amante masturbando a si mesmo... Seu pau é lindo! Vai esporrar muito daqui a pouco! Mas seus olhos se turvam, o gozo está chegando. Retirando da minha boceta o membro todo úmido da minha porra, eu o enfio no meu cu, em delírio. Diante dessa posse, você não consegue resistir e, na minha frente, diante dos meus olhos, em cima do meu corpo desfalecido de volúpia, goza perdidamente. Um jato morno desce sobre meu ventre liso. Você solta tudo, loucamente, em cima de mim. Me dá todo o seu esperma, meu bem-amado. Que não sobre nem uma gota na sua pica, quero receber tudo sobre meu corpo e minha mão o espalhará sobre meu peito e meu ventre, pois quero sentir seu calor inebriante por toda parte. Então, mais que nunca, serei sua, com esse gesto mais pervertido de todos. Quem o ousaria, senão nós?

Em seguida você sentirá o líquido da minha boceta correr nos lábios, pois gozarei perdidamente, meu bem-amado. Você recolherá na boca minha porra quente e provarei nos seus lábios o gosto amargo dela...

Se depois dessa orgia nos sobrarem forças suficientes, você me comerá numa metida doce, pois quero de novo sentir seu pau mexendo dentro da minha boceta. Você trepa comigo com uma doçura tão suave que voltei a ter vontade dessa posição. Ela nos é permitida, pois é a consagração de nossos Amores. Nós a acompanhamos de tantos gestos pervertidos que ela também se torna pervertida. Ah, que chegue logo o fim da indisposição que me priva de suas carícias audaciosas, logo. Tenho pressa de te reencontrar, apaixonado e violento, tenho pressa de ter você nos braços para te inebriar com os meus beijos. Sim, o seu corpo é meu, agora acredito em você, sou feliz. Te possuirei loucamente pois te amo acima de tudo no mundo. Me dê a sua bunda, quero beijá-la com sofreguidão, quero furá-la com o meu caralho triunfante. Me dê o seu pau fantástico, quero chupá-lo com êxtase, quero senti-lo engrossar nos meus lábios, e quando ele estiver cheio de porra, quando você não estiver aguentando mais, gozará na minha boca e eu engolirei tudo...

Sim, quero te fazer gozar até o extremo limite das suas forças, com minhas carícias audaciosas. Agora você é meu, sabe? E será ainda mais, em breve, quando tiver me molhado com o seu esperma. Cada parcela do meu corpo terá provado esse líquido supremo e você evocará nos seus sonhos mais loucos esse minuto único: a sua amante gemendo de volúpia sob o jato quente da sua pica, erguida acima do corpo dela num último sobressalto de gozo.

Ah, sim, seja meu, somente meu, meu deus adorado. Diga de novo essas palavras que me extasiaram. Afaste de mim o sofrimento infinito do ciúme que me aperta só de pensar que você pertence a outra. Diga que são os meus carinhos, *os meus*, que você prefere. Diga que nos braços *dela* você fica passivo e que só eu sei dar aos seus sentidos apaixonados a volúpia que eles exigem. Quero te amar mais ardentemente ainda...

É mais de meio-dia, paro por aqui, bem a contragosto. Até segunda à noite, amado querido. Escreva-me uma longa carta como a de ontem.

Beijo todo o seu corpo que eu adoro, os seus lábios e os seus olhos maravilhosos. Toda sua.

Simone

Para acompanhar um desenho

Bem duro e de porra inchado
Teu pau sabiamente tocado
Põe no meu cu a ponta lisa
E sobre minha carne desliza

Toca por um curto instante
O buraco que se expande
Depois, de repente, possui
A carne de que usufrui.

Na bunda a satisfação
De sentir do pau a paixão
E com a metida indecente
Eu gozo, enquanto você sente

Que do teu pau gordo jorra
Irresistivelmente a porra

E no meu corpo palpitante
Desabas, vencido, ofegante.

Me enraba, meu amor querido
Me dá um gozo comprido
Com essa divina foda
Que nos quebra e nos açoda.

E pra animar teu ardor
Num gesto cheio de impudor
Frente a ti me tocarei
E em tua boca gozarei

Março de 1929

Segunda-feira, 11h

Meu doce amor,

No fim escapei da saída de hoje. Sou guardiã dos tesouros e ninguém ainda entendeu minha insistência em permanecer aqui. Para eles a vida no campo... Como eu estava ansiosa, meu Charles, para vir me isolar com você, vir te dizer toda a minha ternura.

Estou com a sua pequena fotografia diante dos olhos. Você me olha comportadamente com seus olhos esplêndidos e sua boca adorada parece segurar um sorriso zombeteiro. Como te amo, pequeno deus distante, e como me ponho a seus pés para te adorar com todo o fervor de meu amor.

Já foram dois dias, dois dias intermináveis sem te ver, sem te ler, sem ouvir sua voz envolvente. Como estou triste longe de você, meu querido amado, e como meu coração conta as horas que ainda me separam de suas carícias, de seus beijos!

Infelizmente, uma longa semana ainda vai se passar até que você volte, até que eu possa te apertar nos meus braços. E quantos dias ainda devemos esperar para provar nossos amores magníficos? Mas, enfim, você estará ali, pertinho de mim, e terei a coragem de conter minha impaciência o tempo que for necessário. Mas longe de você meu desejo se exaspera. Todas as nossas carícias voltam em grande número a meu espírito e vêm me perturbar sem esperança de me acalmar. Não, longe dos seus braços, longe do seu corpo tão desejável e tão amado, não sou feliz. Você me faz falta, infinitamente, meu doce querido, e estou triste por não poder te provar isso.

Te evoco inteiramente despido, deitado de bruços, as coxas altas deixando à mostra o buraquinho escuro da sua bunda que você oferece ao ardor de meus beijos. Seu pau endurecido vibra ao contato de meus lábios quentes, mas minha carícia não é para ele. Não, o que quero é sua bunda, sua bela bunda rija. Quero mergulhar minha língua impaciente, quero colar minha boca ávida... Vamos, vamos, me dá, me dá! Ah! Como é bom, meu doce amor, chupar essa carne que se oferece, e que visão sugestiva é o corpo de um amante tão querido que estremece de prazer sob esses beijos engenhosos.

É em tudo isso que penso longe de você. É tudo isso que desejo e sua ausência me faz mal. Ah! Se eu pudesse estar com você, meu bem-amado, como seria feliz! Por que não me levou na outra noite? Por que não partimos juntos para o esquecimento, para a felicidade de uma posse completa, mesmo de dois dias? Ah! Lotte,* ter você para mim, longe de todos, uma noite toda... Que sonho de loucura!

Volte depressa, meu bem-amado, já que infelizmente nunca temos mais que uma hora para nós... Volte, para que durante essa hora sejamos um do outro, irresistivelmente. Mais que nunca preciso do seu corpo adorável e quero seus amores, seus beijos loucos, sua posse brutal e feroz que me esgota, que me machuca mas me faz afundar num abismo de volúpias!

E você, quer, como eu, essas carícias sádicas? Quer saborear o vício em meus braços? Eu soube te dar sensações inesquecíveis? Você é feliz perto de mim? Diga...

Terei amanhã uma carta sua? Como estou impaciente, e este dia, agora, vai me parecer interminável! E como você terá escrito? Com seu coração ou com seus vícios? Vou encontrar amanhã uma dessas cartas deliciosas como as que você me escrevia, do seu quartinho de Bandol, há seis meses? Tenho medo, meu querido amor, que agora você já não esteja tão apaixonado. Pense, somos quase velhos amantes! Dez meses, isso importa, e seu desejo não é menos forte, você não está cansado de mim?

---

* Provavelmente um diminutivo do nome feminino de Charles: Charlotte.

Não, Lotte querida, não, não se canse... Não esgotamos todas as nossas forças e, quando você voltar, nos amaremos tão loucamente que seu desejo de luxúria e vício renascerá com os meus beijos.

Hoje esta carta será a última. Mas espero que ainda possa me escrever, até quinta-feira, até sua ida para Nantes. Ficarei tão horrivelmente triste todas as noites! Voltarei para casa sozinha, sem você. E só temos mais alguns dias para voltar aqui, juntos, depois é a partida por quatro meses...

Adeus, meu grande amor. Comporte-se muito bem e pense em mim... Espero que faça bom tempo, como aqui, e que encontre seu irmão e toda a sua família em boa saúde.

Te aperto bem forte e dou um longo beijo nos seus lábios amados, com meu coração repleto de você.

Te adoro e só vivo na espera da sua volta...

Beijo suas duas mãos, apaixonadamente.

Sua Simone

Sexta-feira, 4h

Amado querido,

Há oito dias, eu mal saía do aperto dos seus braços, toda moída por suas carícias esgotantes; você tinha acabado de manipular, durante uma hora, meu corpo ao sabor do seu capricho, e minha carne ainda estremecia de todo o gozo que você fizera nascer nela. Como você me amou gostoso, meu amor querido!

Esta semana, devo infelizmente ficar comportada apesar de todo o desejo que existe em mim, todo o desejo do seu corpo adorável que eu gostaria de abraçar em infinitas carícias. Gostaria de provar a cada minuto, a cada segundo, o sabor excitante do seu corpo, que tensiona meus nervos num insaciável desejo. Quanto mais te possuo, mais te amo. Bem longe de me cansar dos tesouros da sua carne, amo-os ainda mais. A cada encontro que você me concede descubro uma razão a mais para me ligar a você e vou embora com a vontade ainda mais imperiosa de seus beijos, de seus carinhos. Longe de você, penso nas horas loucas que acabamos de viver e todas as nossas lembranças, tão bonitas, tão fortes, voltam à superfície do meu coração. Elas perturbam sua calma, o fazem disparar e adormeço, com a cabeça em fogo, os membros pesados, irritada por sentir em mim tanto ardor inútil, já que você não está aqui para me trazer o sossego num beijo.

Ah, te amo, meu amor querido, com um amor insensato, total. Te amo como sem dúvida nunca poderei amar quando não for mais nada para você. Te dei minha vida inteira, meu corpo, meu coração, meus pensamentos, me dei inteira, enfim, e nunca mais tomarei nada de volta, sinto isso muito bem. Aconteça o que acontecer com um amor desses, se você cuidar dele, se destruí-lo, você estará para sempre trancado no meu coração com toda a sua sedução, todo o seu charme, todo o seu vício. Será para mim o único amante, aquele que só se pode amar uma vez, aquele que me revelou a mim mesma. Por muito tempo, talvez para sempre, sentirei em minha carne o calor das suas carícias e para sempre serei sua, sua, sua.

Ah, meu amor, como te amo, como tenho fome de você, de seu corpo adorável cuja lembrança me persegue, incansável, viva. Amo sua carne de jovem mulher, tão suave de acariciar, tão morna em contato com a minha face. Amo seus mamilos rosa e seu peito virgem onde ponho minha boca. E seu ventre pálido, liso, o tufo castanho entre as coxas, a linda flor do seu pau rosa e seu buraco misterioso, pequeno ninho macio onde minha língua encontra seu lugar. Ah, breve terei todo esse corpo, não é, meu amor, daqui a poucos dias! Vamos nos encontrar em nosso quarto e possuirei sem reserva todos esses tesouros. Vivo incessantemente apenas na expectativa dessa hora em que você se entrega a mim com todo o impudor ditado pela paixão. Você me aparece no esplendor deslumbrante da sua nudez e meus lábios procuram o lugar onde meus beijos melhor saberão perturbar essa carne que se oferece. E conheço esse lugar, o distingui quase no primeiro dia. Meu amor me tornou perspicaz e sem hesitação, dirigi minha língua para o buraco escuro do seu cu adorável. Sim, não é mesmo, é exatamente ali o melhor lugar para um beijo excitante. Me dê logo esse lugar, tesouro querido, esse cuzinho delicioso. Ah, adoro-o e o beijo sem parar, enquanto meus dedos masturbam o seu pau. E para terminar minha vitória, meto em você irresistivelmente. Você é meu, você é a minha coisa e quero ficar com você para sempre, para sempre.

Daqui a uns dias você verá em minhas mãos esse dardo monstruoso que derrotou a sua carne. E essa visão assustadora me deixará num estado alucinante. O que acontecerá então quando eu tiver o ventre cingido com uma imponente cinta peniana cujas bolas cheias baterão na sua bunda?

Você manterá a mesma pose e, para melhor te segurar, minhas mãos agarrarão seus quadris; eu te pegarei pela cintura e assim você não poderá mais evitar a metida alucinante que vou te impor.

Nesse dia serei realmente feliz, amado querido, e meus votos mais loucos serão realizados. Vivo na espera dessa hora que fará de mim *o seu amante*. Sim, quero ser o seu amante assim como você é a minha amante. Quero te dar os mesmos gozos que você me proporciona quando a sua língua rosa faz cócegas no grelinho do meu sexo. Ah, como você me faz gozar gostoso, minha Lottezinha! Tenho uma vontade louca, sabe, de ser fodida, de sentir na minha boceta o pinto grande do meu amante que vai procurar no fundo de mim torrentes de porra. Sim, você pode se orgulhar, pois me fez amar essa carícia a tal ponto que agora eu já não conseguiria dispensá-la. Estamos quites: eu enfio no seu cu, você me fode e ficaremos sempre assim, não é, meu amado, unidos por nossas vidas em comum e nossas paixões todo-poderosas.

Na semana que vem, talvez, poderemos nos amar com nosso ardor habitual. Nossos corpos se buscarão na sombra, nossas bocas se unirão em beijos sem fim e confundiremos nossos sexos numa relação maravilhosa. Terei chupado apaixonadamente o buraquinho escuro da sua bunda, lambido as suas bolas e o seu pau, chupado a ponta rosa dos seus seios que tremem deliciosamente sob essa língua hábil. Adoro esses peitinhos miúdos que parecem os da minha amante imaginária. Eles cabem na minha mão, esses brinquedinhos delicados e encantadores. Me deixe ficar perto deles. E você, querido tesouro, você terá também bolinado apaixonadamente com sua língua impaciente os recantos secretos da minha boceta. Eu terei sentido o sopro quente do seu bafo sobre o meu botão no cio e na sua boca você terá apanhado as torrentes de porra que o seu beijo terá provocado. E também terá beijado o bico dos meus seios. Adoro isso, sabe? Não sei mais, querido, tudo o que faremos, mas certamente grandes loucuras, não é, meu amado, pois o que poderíamos fazer juntos, senão loucuras?

Quero ser mais que nunca "sua putinha querida" para que você goze bem nos meus braços. E você será muito safado para enfrentar a sua amante, não é, meu amor?

O que você fará, meu amor, quando me tiver ao seu lado? Me diga logo, o que quer fazer de mim nesse próximo encontro?

Ah, estou louca para te abraçar com meus braços nus, apertar meu corpo contra o seu para ver se acender nos seus olhos a chama escura do desejo. Gosto de ver esse desejo crescer em você, em ondas bruscas. Logo ele te submerge e você já não resiste à força do seu sangue, que bate em você violentamente. E você me pega para uma metida infinita que me arrasa, me curva, me faz tremer irresistivelmente. Sim, sou sua, sabe, amado querido? E você quer ficar comigo para sempre? Você é meu para sempre, meu amante que eu adoro?

Você me diz que fui eu que fiz de você o depravado que você é, que te arrasta aos poucos pela ladeira escorregadia do vício todo-poderoso. Talvez, mas também não foi você que me deixou com esse desejo de gozar cada vez mais, e que me faz buscar carícias estranhas, insuspeitas? Veja você, nosso amor nasceu de um encontro, do choque de nossos olhares, do apelo de nossos corpos. Nos esfregamos um no outro durante dias e dias e cada um de nós tinha a intuição de que era preciso perseverar, de que a felicidade estava ali, na fusão de nossos dois seres. Nós nos entregamos antes de nos conhecermos, e o futuro nos deu razão. Desde que somos amantes, sempre tivemos juntos apenas alegria, e nossa posse mútua nos traz êxtases infinitos. Sim, permaneçamos nós dois, meu querido amor, nada mais que nós dois. Tentemos, se quiser, a experiência que nos obceca, mas não creio que encontraríamos mais alegria do que na fusão de nossos corpos, sempre mais ardentes no prazer.

Adeus, amado querido, terei eu na segunda de manhã, ao chegar, uma longa carta sua? É o que desejo. E digo até logo, pois espero que possamos nos amar dentro de poucos dias.

Te adoro. Minha boca onde quiser. Diga-me onde?

Simone

Meu bem-amado,

Que carta deliciosa, e como ainda estou toda perturbada por ela! No entanto, desde ontem não paro de reler essas palavras apaixonadas e como te amo mais, meu amor querido, quando você deixa seu coração se soltar ao longo de todas essas páginas.

Você me pergunta, querido, se me lembro, como você, de nossa primeira relação. Como pode pensar que essa lembrança não está trancada no meu coração para sempre? Posso eu esquecer, Charles, que foi durante aquela manhã que, graças a você, suspeitei da volúpia? Sem dúvida, a cena ainda está toda presente diante dos meus olhos e jamais penso nela sem um pequeno tremor de felicidade. Nossos gestos, nossas palavras tímidas, nossas primeiras carícias desajeitadas, nosso primeiríssimo amor... Tudo isso está profundamente em mim. Mas como naquela época éramos pouco nós mesmos! E como hesitávamos um e outro em buscar a carícia violenta que, no entanto, sentíamos bem pertinho. Sim, me lembro, bem-amado. O quarto discreto e quase escuro escondia nosso embaraço mútuo. Sobre a cama grande muito macia, nossos corpos nus se buscavam, se descobriam. Nossos membros enlanguescidos se entrelaçavam desajeitados e a vaga lembrança da decepção que se seguiu ao nosso primeiro contato, durante o primeiro encontro (você se lembra, querido, dessa relação quase fracassada?), nos fazia hesitar em tentar uma nova possessão. Mas então você tomou a ofensiva, meu querido, e seu violento desejo pôs em seus olhos uma chama desconhecida. Como você estava bonito naquela manhã, pronto para violentar furiosamente essa carne que se oferecia! Bruscamente, você se jogou sobre mim. Seus dedos se imprimiram em meu traseiro que se avermelhava sob a palmada e, antes mesmo que eu tivesse tomado consciência da sua audácia, com um ímpeto irresistível você fincou no buraco escuro da minha bunda a pica dura que me machucava ao passar por minha carne íntima. E logo desabamos, sem forças, nos braços um do outro. Tínhamos finalmente compreendido que agora podíamos nos entender, pois o nosso vício era o mesmo e a nossa volúpia, imensa. Breve fará um ano, meu querido amado, que me tornei sua amante, e jamais, desde aquele dia bem-aventurado, deixei de conhecer nos seus braços sensações inesquecíveis. E cada dia, veja bem, te amo mais e te amarei sempre com o mesmo fervor, com a mesma constância, o quanto você quiser. Quando estou em seus braços, meu amado, só tenho uma vontade, a sua, e só tenho um desejo, o desejo de ir até o fundo de você para fazer jorrar a volúpia. Quero te possuir mais loucamente a cada vez, para que você seja durante uma hora a minha coisa, só minha, para que não possa me escapar e saia esgotado dos meus braços, sem forças, incapaz, durante aquele dia, de dar seu corpo à Outra. Sim, meu bem-amado, é assim que te amo, de um amor exclusivo que sofre com a partilha. Então quero que goze em meus braços apaixonadamente para que nem uma gota do melhor de você possa ir nesse dia para outro lugar que não o meu corpo. E perto de você sempre tenho o desejo de ir até o fim de suas forças e das minhas, pois sei o que é a felicidade de uma exaustão dessas.

E na segunda-feira, amado querido, será assim mais uma vez. Te darei, de novo, a sensação perversa que você ama. Te guiarei, com toda a força do meu vício, para o auge do êxtase. Você me entregará, sem reserva, os tesouros do seu corpo que eu adoro e, como um amante apaixonado, inebriado com a beleza de sua amante, me ajoelharei diante de você e te oferecerei, sob meus beijos, todos os meus desejos. Te envolverei com toda a ternura infinita de meu coração e, antes de me extasiar com a sua carne quente e firme, te deixarei meio adormecido com as minhas carícias lascivas que te farão afundar num quase sono, e o despertar será a posse da sua carne por meu membro triunfante. O despertar será a volúpia que explode como uma chuva de tempestade, brusca e súbita. Você sentirá no seu cu adorável a dor que precede o prazer. E desabará apaixonadamente feliz sobre meu corpo ofegante, esgotado pelo esforço de uma posse dessas. Sim, meu único amor, meu querido amante que eu adoro, violarei o seu corpo fantástico assim como você violou o meu um dia. Mas, a fim de te poupar da dor lancinante dessa violação, meus beijos profundos prepararão o caminho desse membro sobre-humano. Minha língua hábil e suave deslizará lentamente nesse buraquinho escuro. Bolinará essa carne morna, minha boca aspirará esse cuzinho tão amado. Ela o manterá prisioneiro por muito tempo entre meus lábios, e quando ele tiver cedido bastante, então a sua Simone querida e depravada, a sua amante apaixonada e safada grudará na sua carne perturbada a própria carne dela em delírio. Na loucura de seus sentidos no cio, você se tornará para ela "a amante" e ela se tornará "o Amante". Veja, querido, como nossos desejos se confundem. Você sonhava com um macho vigoroso violando a sua carne. Eu sonhava com uma amante carinhosa e lasciva. Nosso amor insensato realizou esse milagre. Sucessivamente, sob a influência de nossas paixões, trocaremos de sexo e teremos assim um duplo prazer, um duplo gozo. Ah, Charles, como abençoo o dia em que o destino nos pôs na presença um do outro! Como abençoo a sua audácia e a minha fraqueza! Dizer que quase fugi de você quando você se tornou mais insistente! Será que lutei o suficiente comigo mesma para não falhar? (Sim, era a palavra que eu usava então.) Mas, sabe, estávamos destinados um ao outro. Você adivinhou que teria em mim a amante apaixonada? Suspeitou de todo o meu vício, diga? Ah, te amo, te amo, querido, tão alucinadamente.

Sim, meu pequeno deus, você saberá me inebriar com a sua carícia. Você bem sabe. Não se lembra dos gemidos de felicidade que saíam de minha garganta quando chupou apaixonadamente minha bucetinha? Pois bem, você recomeçará a experiência. Me fará morrer de volúpia sob seus beijos sábios. Sim, querido, me chupe, me chupe. Você sabe fazer tão bem. Aspire até a última gota da minha porra amarga, que você afundará na minha boceta a sua pica dura. Sem se mexer, a deixará na minha boceta e quando ela estiver bem molhada desse licor abundante a lamberei loucamente. Provarei no seu membro o sabor do meu gozo. Depois, não sabemos nem um nem outro o que faremos. Sim, talvez farei no seu pau um colar com meus seios, ou então, com a minha boca ávida o pegarei inteirinho. A não ser que eu queira, apesar de toda a imprudência de um gesto desses, senti-lo enfiado no meu sexo estremecendo e manter você sobre o meu peito para nos sentirmos unidos num mesmo abraço. Ah, querido, te pertencer sem reserva, ser sua, sua. Jamais separar do meu corpo o seu corpo voluptuoso e afundar, por suas carícias, no êxtase profundo. Que delicioso sonho! Sim, bem-amado, te amo a ponto de renegar qualquer prudência. Te amo a ponto de te dar todo o meu ser se você exigir. Se quiser possuir minha carne de outro jeito, se quiser que o seu pau se abrigue num ninho mais macio, se quiser enfim experimentar agora a relação normal que nós banimos, sinto que não poderei recusar nada, nada, nem mesmo isso. Diga, quer de mim essa doação completa? Quer que eu abra essa porta até então fechada? Quer me possuir completamente, normalmente? Eu quero, se é para você encontrar nisso outras alegrias.

Na segunda-feira seremos de novo um do outro. Na segunda-feira, meu bem-amado, nos amaremos apaixonadamente, com nossos meios atuais, à espera de algo melhor. Te pertenço inteiramente. Sou sua escrava querida. Pegue o meu corpo como desejar, sou sua.

Adeus, meu bem-amado, até amanhã. Beijo apaixonadamente todo o seu corpo que adoro e me aconchego em seus braços para saborear toda a doçura de suas carícias deliciosas.

Toda sua.*

Sua Simone

---

* Simone nos revela aqui um aspecto precioso de sua personalidade: até agora, o leitor podia imaginá-la totalmente destituída de reserva e de qualquer moral. Descobrimos que, ao contrário, ela lutou antes de deixar sua paixão se expressar sem limites. Numa carta anterior, em que evocava o uso de um "auxiliar", já expressara seu temor de que Charles a achasse depravada e perversa. Emprega o vocabulário das mulheres de alta classe da época: "falhar", embora tomando distância ("sim, era a palavra que eu usava então"). Mas isso não a impede de nos confessar suas propensões sáficas. As barreiras, portanto, não são inexistentes em Simone, mas ela sente imenso prazer em aboli-las.

Minha Lottezinha querida,

Sonhei com você muito intensamente esta noite. Por quê? Será a tristeza de não te abraçar esta semana? Será a tristeza de não te ver durante dois dias? Não sei. Mas vivi em sonho êxtases loucos e esta manhã ainda estou toda atordoada pela violência do meu sonho.

Mas, por mais doce que seja este sonho, eu preferiria a viva realidade. Nunca mais poderei esquecer nosso último encontro. Descobri em você mais do que esperava, a amante apaixonada com quem eu sonhara tanto tempo. Pois devo confessar, minha Lotte querida, esse é mais um de meus vícios.

Mas em você encontrei uma dupla criatura: um amante maravilhoso, uma amante divina. E é com uma felicidade infinita que me lembro da nossa hora última. Depois de tantos dias de ausência, eu enfim te tinha nos braços. Beijava com fervor toda essa carne tão suave e invadida como eu pelo ardente desejo de gozos perversos, e você deslizava sobre o meu ventre. Eu estava ali, sobre seu corpo que eu aprisionava com meu corpo, meu ventre em cima da sua bunda que estremecia. Que loucura nos conquistou, a nós dois! Tornei-me um amante apaixonado e você, você, minha Lotte querida, a amante mais safada com que se possa sonhar. Em cima do meu ventre, senti todo o seu corpo estremecer. Você procurava uma pica triunfante, empinava a sua bunda para o meu membro duro. Com sobressaltos voluptuosos, me dava toda a sua carne. Suas sábias mexidas com os quadris respondiam aos meus gestos. Eu te fodia loucamente e você vinha voluntariamente ao encontro das minhas metidas. Nesse instante, eu realmente já não sabia que era eu a mulher e você o homem.

Na minha loucura os papéis se inverteram e eu tinha nos braços a mais adorável das minhas amantes. Ah, Charles, você não quer, como eu, saborear de novo essa carícia? Não quer mais se inebriar com essas loucuras? Não tem a ardente lembrança dessa hora única entre nossas horas? Não quer, como naquele dia, se revelar uma amante incansável? Sim, Lotte, é assim que eu gostaria de te amar sempre.

Gostaria de descobrir esse auxiliar precioso que ainda nos faz falta. Uma pica enorme amarrada à cintura, eu gostaria de te comer assim. Não seria em vão que sua bunda se empinaria em direção ao meu ventre, pois a cada tranco dos meus quadris você sentiria meu pau entrar mais profundamente na sua carne e então pensaria de fato que eu sou seu amante.

Tente, minha Lottezinha, se liberar uma hora esta semana. Sábado... E venha me encontrar, venha para que eu te meta apaixonadamente. Mais que nunca preciso do seu corpo adorável. Adeus, meu amor querido. Não me deixe sem notícia até sexta-feira. Fico triste longe de você; ó meu amor, te amo tanto. Se não estiver farto de mim, venha correndo. Afundaremos de novo no vício, nosso senhor todo-poderoso.

Lembre-se de nossas loucuras e saiba que tenho em mim o ardente desejo de toda a sua carne, minha amante adorada. Vivo na espera do dom maravilhoso do seu corpo perturbador e tenho pressa em murmurar no seu ouvido todas as palavras apaixonadas que meu desejo me dita.

Adeus, Lotte adorada. Ligue quando quiser. Espero impaciente notícias suas, amantezinha bem-amada.

Te aperto nos braços e beijo com sofreguidão sua bunda deliciosa.

Minha boca sobre seus lábios, loucamente.

Sua Simone

Meu tesouro querido,

Como te dizer a alegria que senti ontem à noite quando você tirou do bolso essa longa carta que eu não esperava mais! Eu precisava dessas palavras apaixonadas para me inebriar ainda mais, Lotte querida, e hoje de manhã estou feliz.

Reli várias vezes a carta e cada frase é para mim como uma suave carícia. Como te amo, meu Charles! Como pode temer que um dia você possa me cansar? Então não conhece a sua força, meu amado, então não sabe a que ponto sou sua e para sempre? Pois mesmo se tivermos um dia de nos deixar, minha carne não esquecerá a sua carne e conservará a marca indelével do seu amor.

Sim, meu bem, tornei-me devassa e safada e quero ser ainda mais para te extasiar, para te conservar em meus braços. Quero que na orgia de nossos carinhos o seu olhar se perturbe, quero te ver alucinado de desejo perverso, te ver se jogar sobre meu corpo, machucar minha carne, morder e arranhar essa bunda que você ama, quero te ver como um bicho no cio, possuindo brutalmente esse corpo que te pertence.

Como você, meu amor, sonho com um ninho discreto onde poderíamos enfim estar isolados do mundo e dormir ali, dando rédea solta aos nossos vícios comuns. Evoco meu corpo nu. Vejo meus membros presos nos quatro cantos da cama, uma cordinha fina amarra meus punhos e meus calcanhares. Minha bunda empinada parece zombar de você. Nu como eu em toda a sua beleza, com o olhar carregado de desejo, você cola seus lábios nos meus, num beijo em que põe toda a sua alma. Sob esse beijo de fogo eu também tremo de desejo, do desejo de toda a sua carne, mas você quer me fazer sofrer. Toque com sua mão suave essa bunda nua, siga todo o contorno dessas nádegas. Com esse contato delicioso a pele estremece, treme. De repente, um odioso assobio atravessa o silêncio do quarto. Um grito, um grito de vitória, um outro grito, um grito de dor. Sobre minha carne, o chicote deixa sua marca vermelha. Outro golpe, e depois, mais um. Eu me debato em vão, te suplico. Minha bunda ondula desesperadamente para escapar do chicote mas ele continua ali, incansável. E você, meu bem-amado, fica ali para gozar com esse sofrimento. Pressinto a sua pica dura, o seu olhar perturbado, o seu ar de vitória. Você goza do seu triunfo, mas por piedade desfaz os nós que me mantêm prisioneira, libera esse corpo sem defesa, e que sofreu o suficiente.

Agora estou ali em cima do lençol todo branco, sem forças. Minhas nádegas estão vermelhas e queimando. Venha amaciá-las com uma carícia suave. Ponha sobre essa carne machucada seus lábios amados. Faça-me esquecer com seus beijos a dura prova que seu vício cruel me impôs.

Afague todo esse corpo que é seu. Que as suas mãos desçam por todo o meu corpo. De passagem, deslize a mão por meus seios, meu ventre, minhas coxas, depois passe por entre minhas coxas e, ali, no meio do tufo escuro, grude seus lábios úmidos no botão duro que conclama seu beijo. Ah, esse doce minuto! Um círculo morno, cerque esse botão! Sua língua hábil procura, bolina e lambe minha carne íntima. Sim, ali, bem-amado, ali. Pegue entre os lábios esse botão assim como pegaria um pau duro. Mais, mais, me chupe bem, meu amor querido, me chupe bem. Dos meus lábios secos escapam gemidos de volúpia, palavras desconexas, "ah, querido, está gostoso, mais, mais", e, incansável, você me faz gozar. Meu gozo escorre na sua boca e eu peço para você parar.

Nós dois descansamos, um ao lado do outro. Sua carne cola na minha e sinto despertar meu desejo por você. Não, meu amor, não se mexa. Fique aí, meu pequeno deus querido, sua escrava vai te adorar. Meus lábios se põem sobre seus olhos, seus olhos adoráveis, maravilhosos, em que brilham tanta inteligência, tanta energia, tanta paixão também, seus olhos esplêndidos que amo mais que tudo. Depois minha boca desce e em sua boca deposita um longo e ardente beijo. Agora, em seu peito, em seu ventre, em suas coxas, meus lábios correm, e chegam a esse pau esplêndido, a essas bolas, e aí termina a corrida. Ah, querido, me dá, me dá sua pica amada. Quero senti-la inteira na minha boca. Chupo-a sem parar e aos poucos ela vai crescendo com meu beijo úmido. Minhas mãos seguram suas bolas prisioneiras e com esse contato todo o seu ser estremece. Seu pau está duro, no ponto exato, estaria pronto para entrar em mim, mas não, largo-o e minha boca gruda no seu cu maravilhoso.

Com minhas mãos afasto essas nádegas que você me oferece, vicioso amado. Sei o que quer. Veja, você sente minha língua que desliza no buraco escuro? Ela bolina essa carne íntima que responde à carícia. Sinto-a estremecer de felicidade. Meus lábios aspiram, lambem, preparam o caminho para meu pau arrogante.

De cima para baixo, de baixo para cima, a formidável cabeça desse pau desliza pelo rego da sua bunda. Para que penetre melhor nesse buraco escuro estreitamente fechado, o enfio na minha boceta úmida. Bem molhado com a minha porra, como penetra facilmente no seu cu adorado! Ai, ai, sente, sente. Um gritinho, "ah, está gostoso", eu sei que você me sente dentro de você. Eu te possuo, minha adorável amante, sou o seu amante. E o milagre se realiza, mudamos de sexo. Eu me masturbo em cima da sua bunda e, quando o gozo chega, a porra escorre sobre a sua carne, morna e suave. Sobre a sua nuca morena deposito beijos ardentes e minhas unhas se cravam profundamente em você. Mas você não gozou muito, meu amor. Venha, ajoelhe-se em cima do meu ventre. Pegue entre os dedos apertados o seu pau, que está muito comportado. Faça-o ficar bem grosso, meu bem-amado, como faço ficar inchado o meu botão, masturbando-o com o dedo.

Meus olhos devassos miram intensamente esse quadro sugestivo. Sua mão sobe e desce ao longo do seu pau. Vai depressa, depressa, e depois bem devagarinho, para fazer a volúpia durar. Sigo os seus movimentos. Masturbe-se, meu amor, masturbe-se. Mostre como faz quando, sozinho, pensa em mim. Evoque Bandol, evoque Narbonne, onde as minhas cartas terríveis iam perturbar a sua razão. Era assim que fazia? Masturbe-se, meu bem, masturbe essa pica querida.

Mas eis que passa pelos seus olhos um raio fugaz. Seus dedos apertam mais forte seu pau. Agora ele está duro, a cabeça incha, uma gota escapa, é a primeira. Incline-se bem para cima do meu corpo, Charles querido, veja, estou pronta.

Ah, finalmente. Solte, solte. Um jato de esperma jorrou do seu pau, grosso e branco, ainda bem morno. Escorre entre os meus seios, sobre a minha barriga. Você acaba de esporrar irresistivelmente sobre o corpo da sua amante safada que geme de volúpia com esse contato.

Agora, mais que nunca, sou sua. Você acaba de me batizar com seu gozo. Todo o meu corpo terá conhecido sua deliciosa tepidez.

Meu amor querido, sou devassa mas gostaria de ser ainda mais para te agradar, para te manter comigo, pois te adoro, você sabe. Seu corpo me provoca êxtases infinitos e saboreio nos seus braços volúpias ardentes. Se também as dou, meu amor, fico feliz, mas minha tarefa é mais árdua, pois não sou a única senhora de seus sentidos, e você pode comparar as minhas, infelizmente, com outras carícias. É por isso, sabe, que me esforço em procurar requintes, ou gestos novos para tentar lutar, para que as horas que você vive em meus braços sejam as melhores, para que sejam aquelas que os seus sentidos preferem e desejam, mas será que conseguirei isso um dia?

Procure, meu amor, procure também e me diga o que quer.

Sou mesmo a amante ardorosa com quem você sonha? Ou me prefere mais doce e mais passiva?

Uma questão queima meus lábios já há muito tempo, mas você responderia se eu te fizesse a pergunta? E no entanto, eu gostaria de saber, ah, sim, gostaria.

Adeus, Lotte querida, vou te enviar essas longas páginas para que seu pensamento se volte para mim muito em breve. Vou te ver esta noite, meu amor?

Uma longa semana vai se passar sem que possamos nos amar, mas conheceremos, espero, ardorosas sensações no nosso próximo encontro.

Creio já sentir em minha pele a tepidez do seu esperma e só essa ideia me enlouquece. Como te amarei, meu amor, quando você tiver me molhado com a sua porra, mas posso te amar mais?

Ah, Charles, por que não temos, um ou o outro, a possibilidade de ter um ninho discreto, silencioso, onde ficaríamos nós dois? Seria tão bom ter um "canto nosso" onde pudéssemos agir em total liberdade sem nos preocupar com o vizinho. Nunca lamentei tanto como agora minha querida solidão do mês de julho. Como viveríamos belas horas naquele quarto, meu amado!

Adeus, você que amo. Beijo apaixonadamente seus lábios queridos e seu corpo esplêndido de jovem deus. Até de noite, talvez, até amanhã.

Sua amante apaixonada que te adora,

Simone

Sábado, 11h

A pavorosa tristeza que se abateu sobre mim, meu querido amor, quando você se tornou não mais que um pontinho preto no final daquelas plataformas intermináveis. Com um último aceno de mão, te dei adeus e, quando entendi que não podia mais te ver, retomei sozinha o caminho que percorríamos, um ao lado do outro, alguns minutos antes.

Por que você me deixou, Lotte querida, por que me deixou? Dez longos dias vivendo longe de você, longe de seus lábios, longe de seus olhos adoráveis. Estou tremendamente triste e por muito tempo guardei durante a noite a visão desse trem implacável que andava, andava, levando o meu amor. Ah, como te amo, meu doce querido, e como sinto que sou sua, irresistivelmente! Todo dia, em vez de diminuir, minha ternura se fortalece, e já não imagino minha vida sem o calor do seu olhar, sem a doce brutalidade dos seus abraços, cuja marca indelével toda a minha carne conserva, que todo o meu corpo estremece só de lembrar. Sou sua apaixonadamente, vivo para você, para te guardar para sempre se você quiser. Preciso adorar o seu corpo esplêndido, preciso me inebriar com o hálito morno dos seus lábios e preciso me sentir possuída asperamente por sua carne soberana que faz de mim uma amante feliz e realizada.

Ó, meu amor querido, mantenha-me perto de você, mantenha-me nos seus braços. Te amo, te amo loucamente.

Meu Charles, como passou a noite? Na minha insônia, eu não conseguia afastar meu pensamento daquelas mulheres que iam viajar uma noite toda com você. Tenho tanto medo de te perder, tenho tanto medo de tudo, meu bem-amado, que um nada me alarma e me desola.

Espero loucamente sua longa carta de terça-feira. Desejo-a com todas as minhas forças. Ela será assim como meu coração deseja? O afastamento fará nascer em você o ardente desejo de toda a minha carne, o ardente desejo de minhas carícias apaixonadas e perversas?

Como eu estava feliz, porém, ontem, antes da tristeza de te deixar. Eu tinha você só para mim, no meio daquela multidão, e você foi tão gentil, minha Lottezinha. Levo essas lembranças no meu coração, elas me farão companhia durante sua longa ausência.

Vou sonhar com as alegrias profundas que a sua volta nos reserva. Ah, reencontrar o calor inebriante do seu corpo contra o meu, reencontrar o esplendor da sua carne.

Aninho-me nos seus braços. Me dê os seus lábios, quero um longo beijo no qual poremos todo o nosso coração. Lembre-se de todas as nossas relações, Lotte querida, lembre-se de mim nas posições mais audaciosas, te entregando sem constrangimentos cada parcela do meu corpo, meu sexo, minha bunda, meus seios, minha boca. Lembre-se de que tudo isso é seu, prestes a te dar gozos ardentes se você quiser.

Quer ficar comigo para sempre, meu caro querido? Quer me conservar ao seu lado, sempre amorosa, sempre fiel? Estou pronta para tudo a fim de não te deixar, a fim de ter você sempre comigo. Você é um amante maravilhoso, cheio de vícios, cheio de ternura também, e viver uma hora nos seus braços é para mim toda a felicidade. Quero te ter comigo, meu doce querido, sempre, e possuir a sua carne tanto quanto você quiser. Jamais me cansarei das nossas relações, dos seus beijos, jamais, jamais.

Soube te revelar essa trepada perversa, anormal e sádica, e se o seu corpo a deseja e a espera, se você não está indiferente a essa posse, de meu lado eu a adoro e a darei a você com um ardor incansável.

E você, minha Lotte, me fará gozar chupando apaixonadamente minha bucetinha, furando minha carne com seu membro duro ou metendo sabiamente na minha boceta. A não ser que, já sem forças, solte irresistivelmente sua porra espessa e quente em cima de todo o meu corpo ou na minha boca ávida que tudo engole.

Sejam quais forem as carícias que o seu desejo te ditar, você sabe que eu gosto de todas elas. Se tiver paixões novas, revele-as, pois as farei minhas como fiz meus os seus vícios.

Te amo tanto, meu doce querido, que nada vindo de você pode me desagradar. Não estamos irresistivelmente ligados por nosso passado maravilhoso? Lembre-se de todas as nossas carícias.

Ah, volte depressa, Charles querido, volte depressa. Pense que te espero toda trêmula de amor para me jogar nos seus braços, para me aninhar no seu coração.

Como esses dez dias vão me parecer intermináveis! Escreva o máximo possível, meu amor, eu ficaria tão triste sem notícias.

Pense que estou te esperando. Vou contar as horas que me separam de você.

Comporte-se, meu querido amor, longe de mim. Sinto um pouco de alegria em saber que você está sozinho por oito dias. Minha tristeza é menos pesada, mas tenho medo daquela mulher que te olhava tanto ontem à noite. Espero que ela tenha te deixado dormir em paz. E também espero que minha carta tenha te feito companhia a noite toda e que eu tenha afastado de você a tentação.

Não, sabe, estou implicando com você, em quem tenho confiança, meu doce querido. Mas te amo tão apaixonadamente que temo te perder. Você não pode me querer mal por isso, não é?

Não sei se ainda poderei te escrever antes de segunda-feira. Imaginava estar sozinha por oito dias, mas no último momento um compromisso imprevisto prendeu minha família aqui, então não sei como farei para te escrever. Se não receber mais cartas até terça-feira, saiba que, muito contra a minha vontade, devo renunciar ao prazer de te dizer tudo o que meu coração me dita.

Adeus, meu grande amor, passo meus braços pelo seu pescoço e colo meus lábios nos seus num longo, longo beijo em que ponho todo o meu coração repleto de você.

Volte logo, volte logo, te espero. Mande-me uma longa carta muito carinhosa, muito apaixonada. Diga como pensa em mim, diga como quer que eu te ame no nosso próximo encontro. Adeus, meu doce querido, te amo.

Sua amante apaixonada,

Simone

Quarta-feira de manhã

Meu bem-amado,

Tive ontem de esperar até as cinco para ter sua carta tão desejada, e o dia parecia não querer jamais terminar.

Com que impaciência rasguei os dois envelopes que continham essas páginas apaixonadas que li com uma alegria profunda. Sim, essa carta é exatamente como a desejava, e não paro de percorrer suas linhas.

Então você ainda pensa em mim com a mesma força que no passado, e de longe minhas carícias te perturbam e excitam. Como fico feliz, meu amor querido. Eu tinha tanto medo de que você ficasse entediado com as minhas iniciativas e não me amasse mais. Agora eu sei, e é infinitamente bom imaginar que teremos de novo belas horas para viver.

Se o desejo do meu corpo te mantém ofegante, saiba, meu bem-amado, que longe de você eu vivo na obsessão dos seus beijos. Assim como você, gostaria de apertar seu corpo sob o meu. Gostaria de sentir o contato enlouquecedor de nossas epidermes e me imprimir em você como uma marca indelével. Não conheço nada mais maravilhoso, mais suave, do que essa fusão de nossos seres. Antes de iniciar a luta suprema de onde saímos acabados, permaneçamos assim, um contra o outro, bem juntinhos, bem juntinhos. Venha para os meus braços, meu bem-amado, quero te apertar contra mim, quero cheirar o perfume que emana da sua carne de macho. Quero acariciar com meus lábios toda essa esplêndida nudez que você me oferece. Deixe-me te adorar, ó meu deus bem-amado, deixe-me contemplar esse corpo tão bonito que tenho aqui, contra meu peito. Hoje não tenhamos pressa, saboreemos esse minuto divino, esse de nossa união, e que em nós, lentamente, se infiltre o desejo de carícias brutais e perversas, o desejo dessas relações anormais que nosso vício descobre.

Eu te evoco, minha Lotte querida, no seu quarto de Narbonne. Nu em cima da cama, você relê as cartas apaixonadas da sua amante. Seu belo corpo repousa calmo, mas aos poucos sua mão desce ao longo das coxas afastadas. Ela busca, descobre seu membro que estremece e você o aprisiona estreitamente entre seus dedos crispados. A cabeça rosa incha de desejo, a mão sobe, desce, sobe mais depressa e o aperta mais e os seus olhos não conseguem desgrudar das linhas enlouquecedoras que eu escrevo com um último apelo de minha carne para a sua carne. Estou bem pertinho de você, meu amor querido, nesse instante. Feche os olhos e pense em mim. Pense na minha bunda impudica, pense na minha boceta tesa, em todas as minhas carícias e se masturbe, meu bem-amado, se masturbe. Vejo daqui o seu gesto ritmado, vejo os seus olhos se fecharem sob o gozo. Os seus lábios se entreabrem para murmurar o meu nome. E o seu pau, seu pau grosso que endurece cheio de porra. Masturbe-se, Lotte querida, e quando gozar, virei recolher o líquido do seu pau.

Te desejo apaixonadamente, meu doce amado, e gostaria de te possuir furiosamente.

Quando você voltar, te darei todo o meu corpo. E você me fará gozar com suas carícias ardentes. Gostaria de te pertencer, meu bem-amado, mais loucamente ainda. Mas é possível imaginar mais do que já fazemos? Nesse instante em que te escrevo, gostaria de ter você ao meu lado. Gostaria de sentir sua carne vibrar em contato com a minha e ver seu belo pau. Gostaria de trancá-lo na minha boceta, sim, gostaria que você metesse em mim. Te amo tanto que chego a desejar essa trepada bem simples. Que êxtase sentir seu membro duro infiltrar-se suavemente na minha carne. E já não sei qual prefiro.

Sim, Charles, faremos grandes loucuras na sua volta. Nossos

dois corpos serão irresistivelmente ligados por membros sobrenaturais e nunca mais, não, nunca mais poderemos nos esquecer. Você não é a minha amante? Você não é o meu amante? Nós dois não formamos quatro corpos? Por que procuraríamos em outro lugar outros êxtases que, sem dúvida, jamais alegrariam nosso vício mútuo? Amores como os nossos são coisa rara. Não acredita? E que milagre foi preciso para que soubéssemos fazer brotar de nossos corpos todos esses gozos insuspeitos? Agora você ousaria exigir de outra mulher carícias tão raras, tão devassas? Ousaria lhe pedir para ser um Amante incansável? E poderia, agora, renunciar a tais êxtases? E eu, acha que algum dia eu poderia viver em outros braços, que não os seus, posses assim? Meu Charles bem-amado, vê, estamos ligados um ao outro irresistivelmente por nosso vício e por nosso amor, e enquanto nos agradar sentirmos esse prazer, o sentiremos juntos.

Para a sua volta, terei outro "membro". Que loucura! Amanhã te contarei as trepadas sádicas que poderemos conhecer. Espero ter esta tarde uma outra carta, à qual responderei e você encontrará minha resposta na segunda-feira ao chegar.

Adeus, meu querido amor, mais quatro dias para viver sem você. Mas depois você será meu. Será meu e me darei a você com todas as minhas forças, com todo o meu coração.

E pegarei seu cu entre os lábios, e o chuparei apaixonadamente antes de desabar, acabada, sob sua posse brutal.

Meus lábios sobre os seus num beijo inebriante.

Simone

Meu querido amor,

Acabo de receber sua carta de Clermont. Você é delicioso por também ter escrito tantas vezes e te recompensarei na sua volta. Agora conto as horas, cada uma te traz um pouco mais para mim. Cada uma diminui nossa separação e daqui a bem poucos dias te reencontrarei enfim. Essa longa semana vivida longe de seus braços terá me parecido muito triste, mas eu a desejava assim, pois afinal era dela que dependia nossa felicidade futura. Nós dois poderíamos ter sentido apenas uma vaga tristeza em nos deixarmos desse jeito, e teria sido o fim. Mas como nosso amor vai renascer mais loucamente! Como nos parecerão melhores nossas carícias depois dessa separação que pesa tanto em nossos corações quanto em nossos sentidos!

Ah, minha Lottezinha querida, também preciso do seu corpo maravilhoso. Preciso ter você nos braços, todo trêmulo de vício e desejo, e espero o minuto esplêndido em que meus lábios poderão enfim retomar a posse de toda essa carne. Como vou te amar, como vou te amar! Sim, você sabe ser tão bem quanto eu uma amante muito safada e saberei fazer desejos loucos nascerem em você. Você vai me encontrar mais apaixonada que nunca, pois essa longa ausência exaspera meu desejo pelo seu corpo.

Fecho os olhos e te vejo deitado na cama, sob a luz suave, toda a sua beleza me aparece. E é com fervor que vou me ajoelhar na sua frente e passar meus lábios escaldantes por seu corpo trêmulo. Você é belo, meu amante querido, te adoro. Deixe-me respirar o perfume da sua carne, deixe-me rolar sobre essa nudez que durante uma hora é só minha. Vou enfim te apertar nos braços, sem acanhamentos, e fazer todo o seu ser gozar loucamente.

Sei quais são as carícias ardentes que espera de mim. Toda a sua carne deseja as sensações inesquecíveis que só o meu vício soube te proporcionar. E você quer que meus lábios, minha língua e meus dedos bolinem sem reservas o buraquinho escuro da sua bunda. Quer enfiar o seu pau duro no fundo da minha garganta ou apertá-lo entre meus seios. Todo o meu corpo é seu. Cada pedaço te pertence e vou me esforçar para te perturbar apaixonadamente e para que você solte, onde quiser, a porra do seu pau.

Mas agora somos quatro. Faremos todas as loucuras e só pararemos quando esgotados e sem forças.

E quero te dar uma nova paixão. Quero que prove por sua vez as feridas do chicote, quero que ele deixe lanhos sangrentos sobre a sua carne, como deixou na minha. Vamos, deite-se, enfie a cabeça no travesseiro. Eu me coloco sobre a sua nuca e minhas coxas poderosas prendem a sua bunda. Tome, tome, sofra você também, assim como me fez sofrer. As tiras de couro machucam sem parar a sua carne que se retesa e a sua pica inchada treme um pouco mais forte a cada lanhada.

Mas você pede por favor. Para te fazer esquecer a tortura, venha me dar seu cu divino, para que eu o beije. Como amo esse buraquinho delicioso que clama por meu beijo! Minha língua entra em você irresistivelmente, preparando o caminho do membro[*] formidável que minha mão segura, crispada. Sim, Lotte querida, sim, vou meter em você, pois conheço o seu vício supremo. É a carícia maravilhosa que você espera. Vejamos. Ah, te possuo gostoso, meu amor! Está sentindo minha pica monstruosa no fundo do seu cu? Me dê o seu pau, quero chupá-lo. Me dê as suas bolas, quero lambê-las, e pegue a minha boceta entre os seus lábios e me chupe, me chupe.

Ah, não aguento mais, meu amor! A evocação dessa cena, dessa orgia, me lança numa perturbação infinita e me enlouquece.

---

[*] Era, portanto, relativamente fácil conseguir um desses famosos "auxiliares" e, depois de algumas hesitações, Simone o obtém facilmente. Na época não havia em Paris sex-shops, mas a capital tinha uma profusão de lugares dedicados ao prazer e várias casas de tolerância, onde ela terá encontrado sua felicidade.

Venha depressa, venha depressa. Estou louca para gozar assim em seus braços. Estou louca para provar esse novo êxtase. Como deve ser bom! Com que felicidade vamos nos reencontrar, meu querido amor! Há muito tempo que nossos corpos não se mesclam e o desejo cresce em mim, incansável e todo-poderoso. Estou feliz, meu pequeno deus, de ter te revelado essa sádica carícia. E espero que jamais você se canse dela, a fim de que me tenha, para sempre, em seus braços. Serei seu amante tanto quanto quiser, meu bem-amado.

Amanhã irei buscar o novo membro, mas, infelizmente, creio que teremos de esperar mais uma longa semana até experimentá-lo, pois terei muito o que fazer esta semana e não sei se conseguirei me liberar uma hora antes. Nosso próximo encontro será provavelmente no sábado. Mas já na segunda-feira estaremos juntos. Bem, consideraremos juntos a possibilidade de nos amarmos brevemente, pois, assim como você, espero impaciente nosso encontro para fazermos todas as loucuras que nosso vício soube criar.

E você me dirá, numa carta, se está disposto a sofrer a prova do chicote. Me dirá se está disposto a sofrer como eu sofri por você.

Eu te disse: a sensação, sem dúvida, é inesquecível. Não se consegue distinguir a dor e o prazer, e essa mistura de crueldade e felicidade nos inebria e nos espanta. Mas, querido, a prova é dura. Lembre-se do estremecimento do meu corpo sob os seus golpes! Reflita, seguirei docilmente a sua vontade.

Se ainda pensa em me fazer sofrer, se te agrada me machucar, sei que possuindo assim a sua bunda trêmula te dou um ardente gozo com que você sonhava há muito tempo, embora não ousasse pedir. O seu vício te faz bem, meu amor querido, e você finalmente pôde se entregar a ele. Você queria, no seu cu, um membro de macho que bolinasse a sua carne em todos os sentidos. Queria conhecer esse êxtase supremo e foi o que te dei. Como você, meu amor querido, eu digo "nada é capaz de igualar essa trepada pervertida". Nada mais delicioso do que sentir sua carne violentada furiosamente e desmaiar de felicidade entre os braços do bem-amado!

Tenho pressa, ó quanta, de me reencontrar em seus braços, toda nua, de oferecer minha bunda, minha boceta, meus lábios e de meter, num impulso irresistível, o meu membro no mais profundo da sua carne. Reflita, me diga se quer conhecer no nosso próximo encontro a palmada cruel que te reservo ou se quer esperar mais. Terei tanta vontade de você, meu bem-amado, que temo não ter coragem de te fazer sofrer. Meu desejo de sua carne é um desejo de ternura e paixão, mas seguirei a lei. Mande, e obedecerei cegamente. Esse pensamento, porém, me perturba infinitamente. Te fazer gozar na dor seria tão delicioso. Ver sua bunda fantástica estremecer sob as lanhadas do chicote e enfiar no seu cu apaixonadamente. Ah, depressa, depressa, volte, Lotte querida. Estou louca para te apertar contra meu coração palpitante, reencontrar sua pele tão suave, sua boca, seus olhos, seus cabelos, suas mãos, você inteiro, enfim.

Espero sua última carta com uma impaciência louca. Será para amanhã? Fecharei estas três respostas no mesmo envelope. Você as encontrará ao chegar. Ficará satisfeito?

Adeus, meu amor querido. A contar de amanhã à noite, só faltarão três dias. Vivo numa louca impaciência por todas as suas carícias. Como vamos nos amar, meu Charles! Prepare bem o seu cuzinho bonito. Ele vai sofrer rudes investidas depois desses longos dias de ausência. Com que felicidade vou furar a sua carne. Parece-me já vê-la e me excito, me excito furiosamente. Tome, tome, eu te possuo, meto em você, enfio no seu cu, enfio no seu cu, ó meu adorado querido, e gozo nas suas nádegas. Ah, é bom demais! Venha depressa.

Simone

Minha boneca querida,

Me diga por que estou triste esta manhã? Meu coração está pesado, com uma tristeza indefinida, e venho desabafar no seu para dissipar esses véus. Daqui a pouco vou te ver, meu doce querido, você me terá juntinho de você. Porá seu terno olhar nos meus olhos e sua boca tão amada conterá em meus lábios as palavras amargas.

Se soubesse como é doce para mim encontrar refúgio em seus braços. Se soubesse como me é querida a sua presença sempre tão desejada. Eu te devo as mais belas horas de minha vida. Graças a você, há quase um ano conheço alegrias profundas, carícias ardentes e também, às vezes, uma suave ternura. Como te amo, meu Charles querido, quando me envolve com toda a sua gentileza, quando se torna mais amoroso, mais meigo. Se soubesse como desejo esses olhares de amante feliz que às vezes você me dedica! Além de você não tenho nada, mais nada na vida que me atraia.

Desculpe, meu pequenininho, deixar escapar minha tristeza, mas, veja, há momentos na vida em que o coração fica cheio demais, pesado demais, e se parte. Acolha-me, meu caro querido, abra bem os braços, feche-os sobre minha pobre carne, adormeça minha tristeza. Só você pode curá-la.

Preciso de todo o seu amor, minha Lotte, você sabe. Veja, está próxima a data em que teremos completado um ano inteiro. Esse pensamento de que consegui te manter por tanto tempo me deixa muito feliz. Você poderia ter escapado de meus braços no dia seguinte ao nosso encontro. Eu também poderia ter me cansado de te amar. Não houve nada disso. Ainda somos amantes apaixonados e experimentamos profundamente a alegria de nos amarmos fisicamente em carícias frenéticas.

Em breve reviveremos mais uma hora maravilhosa, muito

parecida com a última. Que entusiasmo demonstramos para nos amar, não é mesmo, minha Lotte? Ah, o seu corpo, o seu corpo adorável, como o amo! Com que paixão o abraço sem parar, e que alegria encontro na posse suprema de sua carne! Você se entrega sem reserva e sem vergonha. Minhas carícias mais audaciosas, você as deseja e saboreia com o mesmo ardor que ponho ao receber as suas. Conhecemos as mesmas sensações. Nada mais nos é desconhecido, e sempre, se você quiser, viveremos esses minutos inesquecíveis permanentemente desejados. Preserve-me como sua amante, preserve-me como seu amante, tanto quanto quiser. Todo o meu ser é seu, sem divisão, sem restrição. Sou sua pelo coração e pela carne, e todo o meu corpo é seu bem. Quero suas carícias loucas, seus beijos perturbadores, sua posse. E me dê também sua carne. Adoro-a e ainda não a venci por completo. Quero cobrir seu corpo com meu corpo inquieto. Quero te impor minhas trepadas perversas assim como você me impõe seu vício. Sou prisioneira do seu desejo, mas quero que você, por sua vez, seja meu escravo. Vou te agarrar imóvel em meus braços, entre minhas coxas, e você não conseguirá resistir à alucinante carícia que te faz morrer de volúpia. Entro em você devagarinho, mas infalivelmente, e você sente no fundo de si mexer-se meu membro que não conhece fraqueza nem cansaço. Ah, o louco minuto em que finalmente você me pertence! Nada pode te arrancar de meus braços e eu desabo sobre seu corpo trêmulo que meus lábios beijam apaixonadamente. Te amo, te amo, Lotte querida. Até daqui a pouco. Estou louca para me apertar contra você. Quero sentir sua boca contra a minha. Esperando sentir essa pica que eu adoro se excitar na minha mão, te chupo loucamente, amor querido. Esporre, e eu engulo tudo.

Sua Simone

Quinta-feira, 9 da noite

Meu caro querido,

Todo mundo saiu. Estou sozinha, sozinha até meia-noite neste casarão silencioso. A rua está escura. Uma luzinha lá longe rasga a escuridão. Uma luzinha que conheço bem, que faz pular meu coração no meu peito. Está pendurada bem lá no alto e meu olhar não consegue se desgrudar dela. Você não sabe tudo o que pode haver de alegria e também de tristeza em fixar obstinadamente os olhos numa luzinha. Alegria, sim, sem dúvida, pois a gente pensa: "Ele está ali sob aquela lâmpada, ali bem perto. Se eu gritasse seu nome loucamente nessa noite tão calma ele me ouviria", mas logo uma tristeza pavorosa e cruel me aperta o coração: "Sim, está ali mas não está sozinho. Que palavras escuta neste momento? Que olhares põe sobre a criatura que lhe fala? E daqui a pouco, daqui a pouco, quando essa luzinha se apagar, que gestos fará?".

Ó, Charles, meu único e grande amor, algum dia saberá a que ponto esse pensamento me obceca? Algum dia saberá que tormentos são os meus e como posso sofrer por causa Dela? Ah, não ostente esses olhos malvados, mas compreenda-me. Sabe que te amo, sabe de que ardentes carícias eu gostaria de te cobrir. Então deve sentir que toda a minha carne se rasga e que ela sofre só de pensar que seu corpo adorado estremece de prazer com os beijos de outra.* Ah, a horrível visão que me obceca, me obceca, me dói!

---

* "A outra", esposa de Charles, é uma protagonista invisível e permanente desse romance, e o ciúme que inspira e tortura Simone aparece como um dos motores dessa rara paixão. Numa carta anterior, ela se inquietava com mulheres que iam viajar no mesmo compartimento do trem que seu amante viajava. Em seguida, se inquieta de novo: "Você ousaria exigir de outra mulher carícias tão raras?".

E hoje, na solidão de seu quarto, expressa o impotente desespero de ima-

Não posso fazer nada, e jamais poderei fazer alguma coisa. Devo te amar com essa outra sempre entre nós dois, mas esta noite, Charles, me sinto muito triste. Desculpe-me por falar assim, mas preciso te dizer minha tristeza, pois ela é pesada, muito pesada. Te amo, te amo infinitamente, você sabe, e o amor, infelizmente, não existe sem o sofrimento.

Mas essas não são, meu caro querido, as frases que você esperava. Você me prefere menos lírica e menos meiga. No entanto, é tão imenso o grito que acabo de soltar do coração!

Será para amanhã, meu amor? É o que desejo com todas as minhas forças. Amanhã, se quiser, terei você inteiro nos braços e te cobrirei de minhas mais suaves carícias, das mais sádicas também, todas aquelas que você ama, todas aquelas que você quer.

Caro querido, apresse-se em jogar no chão todas essas roupas que escondem seu corpo fantástico. Veja, já estou nua e te espero impaciente. Enquanto você se despe, renovo para você o gesto tão perverso que faço longe dos seus olhos, masturbo a boceta com um dedo voluntarioso enquanto bolino meu cu. Olhe, meu amado, olhe. Meu sexo espera a carícia suprema da sua língua. Ah, venha grudar sua boca entre meus lábios. Venha recolher a porra que escorre abundante. Está sentindo que ela molha a sua garganta? Chupe, meu amor querido, me chupe bem. A carícia é tão gostosa. Pegue o meu botão, pegue, faça-me gozar perdidamente. Quero ficar sem forças entre seus braços. E agora, aqui está o meu cu. Mexa nele com ardor. Daqui a pouco ele vai receber o seu pau duro.

---

giná-lo, a dois passos da casa dela, dividindo a vida e a cama com a esposa legítima.

Sem esse precioso ciúme, Simone talvez não fosse tão inventiva e não tivesse levado a sexualidade do casal a extremos que ela sabe que Charles não alcançaria com a mulher. A sodomia, agora reservada à amante, torna-se então uma garantia de exclusividade.

E me dê o seu. Ah, o adorável buraquinho, as belas nádegas, com que prazer colo minha boca em fogo ali, minha língua, meus dedos... Gosto de sentir, bem no fundo de você, essa carne quente e suave que vibra estranhamente. Ela aperta o meu dedo, goza. E daqui a pouco, vou te comer. Quero que minha carícia seja lenta e sabiamente regulada. Quero que o gozo suba em você, pouco a pouco. Me dê sua bela bunda, amor querido. Sente-se em cima da minha pica para que ela entre direitinho. Assim, assim, devagar, querido, devagar. Está sentindo meu membro que penetra em você irresistivelmente? Está bom, diga, está bom? Eu meto em você, eu meto em você, estou dentro de você, estou no seu cu. Deite-se em cima de mim, meu amor, sem tirar do buraco o membro formidável que te faz gozar. Enfie seu pau grosso na minha boceta ou no meu cu, onde quiser. Quero que a gente goze junto. Quero ver nossos dois corpos um em cima do outro. Quero sentir nossas carnes se misturarem, que os nossos sexos se confundam. Quero beijar o seu cu com sofreguidão. Quero sentir a minha boceta entre os seus lábios e o seu pau na minha boceta, no meu cu, por todo lado, por todo lado.

Meu bem-amado querido, libere-se amanhã. Tenho tanto desejo de você. Tenho tanto desejo da sua bunda gostosa, do seu pau grande. Preciso me sentir possuída por você irresistivelmente.

Sim, meu amor, já que você ama essa carícia perversa e anormal, vou te dá-la sempre, pois nada para mim é mais doce do que enfiar no seu cu. Amo te dar a sensação estranha de que não sou mulher mas o belo amante que o seu vício gostaria de descobrir. Quando me sente nas suas costas, quando te mantenho prisioneiro entre minhas coxas poderosas, esqueça que sou uma mulher. É o pau do seu amante que te perfura. Tome, está sentindo? Veja como ele é grosso e duro e como conhece bem o caminho do seu buraquinho. Amanhã você conhecerá de novo essa sensação perversa. Amanhã vou meter em você apaixonadamente, pois te adoro. Adeus, minha Lottezinha, vou deitar pensando em você, mas me comportarei. Quero guardar todas as minhas forças para amanhã. Quero que sejam as suas carícias e os seus beijos loucos que me façam gozar. Quero sentir seu pau grosso bem no fundo da minha boceta. Você entrará um pouco para iniciar meu gozo, só a cabeça. Vou molhá-la com o meu gozo e você soltará o seu no fundo do meu cu. Quero que me coma por trás, pois essa é a verdadeira posse que me deixa sem forças. Até amanhã, meu amor querido. Ligue depressa com a boa notícia. Serei safada como você gosta. Meus lábios nos seus lábios, amanhã.

Sua Simone

Sexta-feira, 11h

Meu amado querido,

Sim, recebi a minha carta, tal como a desejava. Você é muito obediente, muito carinhoso, muito bonzinho, e te adoro. Te escrevo do meu quartinho solitário e calmo. Lá fora a chuva cai furiosamente. No jardim está um breu. Como estou bem aqui para pensar em você, em nós, para reler bem relaxada as frases deliciosas da sua última carta. Todas essas palavras que eu esperava cantam ao meu ouvido, e o eco delas se repete no meu coração inteiro, onde se mistura com o seu nome tão querido, tão frequentemente murmurado num sopro.

Só falta uma semana, meu caro querido, só alguns dias para viver até me encontrar nos seus braços para festejar nosso primeiro aniversário. Não posso pensar nisso sem uma alegria profunda, sem uma grande perturbação também, pois me lembro de todas as nossas ternuras, de todas as doces carícias que conhecemos ao longo desse ano.

Você me pergunta, meu querido, qual é a minha impressão quando te tenho prisioneiro em meus braços e enfio meu membro hábil no mais profundo de você. É uma sensação estranha. Parece-me que já não sou eu mesma. Nesse contato, me torno homem e é com desejo de homem que te pego, meto em você. Um desejo violento e louco que põe febre no meu sangue, e desfruto do seu corpo como você desfruta do meu. Sim, quero sempre te dar essa carícia suprema, pois é aí que encontro realmente prazer. Ver o seu corpo que se oferece, que busca, sentir sua carne ceder sob a pressão sábia e te possuir loucamente. Ah, que êxtase, que minuto inesquecível e sempre desejado! E na sexta-feira, se quiser, você será de novo a minha amante. No nosso novo ninho, conhecerá o ardor do meu desejo e será meu, sem restrição, sem divisão. Seremos um do outro, loucamente, e gozaremos juntos.

Todas as nossas carícias, as mais audaciosas, vamos saboreá--las, pois nesse dia nada poderá deter nosso vício. Nós nos superaremos, rivalizaremos em matéria de ardor. Como seremos felizes!

Há muito tempo nenhum pudor nos retém e nosso amor se exalta, torna-se mais bonito. Se não nos amássemos como nos amamos, acha que poderíamos nos contemplar sem repugnância, depois, uma vez tomado o pé da vida? Não, Charles, não, meu querido. Mas nos amamos, nada do que fazemos é sujo, e tudo o que fazemos é necessário para o nosso amor. Eu sei muito bem. Agora me orgulho da certeza de que te agrado, de que você ama meu corpo, de que ele faz o seu feliz. Ah, me diga que você é feliz. Faça de mim o que quiser, sou sua.

Às vezes, saindo de seus braços, saciada mas ainda com desejo de você, reflito e penso que é impossível consumirmos mais um dia de nossa carne como consumimos, pois nossos corações e nossos sentidos estão tão bem sintonizados que é impossível deixarmos de nos amar. Por causa do que fizemos juntos, já não poderemos nos separar e as correntes que carregamos deixarão de nos pesar.

Esta noite penso nessas horas maravilhosas em que nos agarramos com tanto furor ou com tanta doçura. Penso também em todas essas alegrias que eu ignorava antes que você fizesse de mim a sua amante, o seu instrumento de alegria. Depois do que nós dois fizemos seria impossível me encaminhar para outro amor, pois você sabe o que fazemos, Charles. Nós nos fundimos, acorrentamos nossos corpos, não somos mais que uma só carne, não somos mais que uma mesma criatura, e quando nossa relação termina e você sai de dentro de mim, sinto perfeitamente que sou mais sua e que você é mais meu. Meu corpo absorveu o seu e o meu te deu o que tinha de melhor.

Eu te devo uma felicidade infinita, a felicidade de ser sua, você que me fez tal como sou agora. E sou sua, só sua, para sempre, eu sei, e nessa escravidão sou feliz e te agradeço, meu belo amante, meu amor.

Não, não posso crer que um dia nos separaremos. Fomos felizes demais juntos e se isso acontecesse, que desastre seria! Mas não, as alegrias que experimentamos, essa volúpia formidável que te arrancou tantos gritos, que me jogou sobre você ofegante, morta, que nos fez dormir sonos prostrados, que nos proporcionou horas radiantes, tudo isso acontecerá de novo. O que fizemos, o que queremos fazer conservará nossa alegria inteira e *nunca* mais você poderá se dar a outra mulher sem pensar nas vezes em que se deu a mim.

Ora, você sabe de que maneira quero que se entregue. Quero que suporte todas as minhas carícias, as mais loucas, minhas iniciativas mais ousadas, pois nessa data, abençoada entre todas as datas, quero te subjugar completamente à minha carne. Você só sairá de meus braços com os membros doloridos, esgotado de gozo, de volúpia, saturado de vício e de paixão. Te adoro e preciso te pegar e me dar, tudo ao mesmo tempo. Só falta uma semana e você me terá nua em seus braços. Poderá acariciar todo este corpo que se retesa na espera do prazer. Poderá agarrá-lo entre as suas coxas para machucá-lo ou beijá-lo. Mas lembre-se de que ele terá sua revanche e que o sexo será sublime. Toda a sua carne estremece ao se lembrar. Espere esse minuto com confiança. Você gozará loucamente, meu querido tão querido.

Adeus, até segunda. Penso bastante em você. Já em pensamento possuo a sua carne deliciosa. Me pegue também, eu me entrego, pois te amo apaixonadamente. Até logo.

Minha boca sobre a sua num beijo inebriante.

Não posso escrever mais. Meu pneumático ficaria muito pesado e temo não ter tempo de levá-lo ao seu escritório. Te amo.

Simone

Sábado, 11h

Meu caro amor querido,

Esta tarde eu gostaria de ter uma longa carta sua à qual pudesse responder. Preciso de novo apelar para minhas lembranças a fim de encher minhas páginas em branco.

Eu te expressei direito, ontem, ao sair de seus braços, toda a minha imensa alegria? Desconfio que não, pois na perturbação em que me jogaram as suas carícias ardentes devo ter esquecido muitas coisas.

Não consigo repensar essa hora divina sem me arrepiar toda. Que sonho! Que sonho delicioso foi o meu e para que volúpias você me guiou! Eu tinha desejado que naquele dia fôssemos mais felizes do que o corrente, mas nunca, meu amor querido, teria pensado que pudéssemos alcançar essas alegrias maravilhosas.

Lembre-se, Lotte, lembre-se.

Encontramo-nos naquele novo ninho encantador, naquele grande quarto acolhedor e calmo. Mal me vi nos seus braços, você já foi ficando de pau duro, muito duro. Você se joga na cama grande bem antes de mim, mas vou ao seu encontro, toda trêmula de desejo ardente. No contato com a sua carne tão suave, tão branca, estremeço e rolo sobre seu corpo que mantenho inteirinho contra o meu. Seu pau está duro, bem grande. Eu te ofereço a minha boceta para abrigá-lo e, sem hesitação, ele se enfia ali, todinho. Como é gostoso! Sem nos mexermos, ficamos assim um pouco. Gozo lentamente sob a carícia da sua pica morna e suave. Charles querido! Você foi um amante maravilhoso.

Mas, por minha vez, devo te dar o gozo prometido. Me dê seu cu, meu amor querido. Tenho tanto desejo de você. Descobri o buraquinho escuro tão amado. Minha boca ávida se incrusta ali dentro. Aspiro-o, mordo-o, beijo-o ardentemente. Ele está inteirinho entre os meus lábios e você geme de felicidade. Os seus suspiros excitam o meu ardor. Em vez de parar, eu recomeço, cada vez mais. As suas unhas se cravam nos meus pulsos, você se entrega loucamente. Já nesse instante está feliz, mas quero mais. A posse suprema da sua carne, é o que desejo ardentemente, e o segundo se aproxima. Amorosamente, consciente da volúpia que te preparo, armo meu "membro" para a luta. Você geme de felicidade, sente o gozo bem perto. Meus seios, como dois colhões grandes, batem na sua bunda. Está bom, meu amor, me diga? Mas você pede por favor. Retiro meu membro e me colo estreitamente em cima de você. Meu botão inchado bolina o seu buraquinho que estremece, e entre as suas nádegas eu gozo alucinadamente.

Mas o seu desejo não se acalmou. Você quer, eu sei, me fazer sofrer cruelmente. Você me agarra por um calcanhar, e o seu braço desaba, eu berro de dor, de tão brutal foi a pancada. Mas, insensível às minhas súplicas, me forçando ao capricho da sua vontade, você açoita o meu traseiro, da esquerda para a direita, da direita para a esquerda, cada vez mais forte. Não aguento mais. Uma última chicotada. Finalmente você tem pena de mim e, para me fazer esquecer, gruda de novo a sua boca na minha boceta e minha dor vai embora junto com o gozo.

Então, querido, foi a trepada final. Já não conseguimos resistir ao nosso desejo. Você enfia a sua pica dura no meu cu. Você soube segurar muito tempo o seu gozo para me dar tempo de te sentir dentro de mim, e foi delicioso, meu amante adorado. Senti tudo, tudo, até a última gota de esperma, e me entreguei apaixonadamente.

Fazia muito tempo, querido, que não tínhamos provado essas alegrias. Essa hora ficará marcada como uma das nossas mais belas horas.

Festejamos nosso primeiro aniversário com um ardor inesgotável. Fomos amantes maravilhosos, não acha?

Gostaria de saber qual foi a sua impressão, Lotte querida. Pareceu-me que eu soube te fazer feliz também e realizar todos os seus desejos, mas gostaria que me confirmasse essa certeza.

Fiz tudo o que pude para não te decepcionar. Eu tinha prometido tanto. Soube cumprir minhas promessas? Saí de seus braços destruída. Essas carícias apaixonadas me demoliram e ainda hoje de manhã eu estava muito cansada. Mas, sabe, que lembranças terei de você, ó amante maravilhoso! Com que ciência você maneja o meu corpo!

Eu gostaria, querido, que conhecesse afinal a sensação magnífica que a sua paixão me revelou. Sobre a sua bunda retesada por duas vezes a minha mão desabou, mas você se negou a isso. No entanto, o lugar era propício a essa prova.

Então não quer experimentar essa carícia suprema? Estou louca para te dá-la, pois sei que nela você encontrará alegrias profundas. Agora que descobrimos esse cantinho encantador, você poderá me acostumar à vontade a receber palmadas cada vez mais cruéis. Não me nego a sofrer se é para você me amar cada vez mais.

Faz um ano que cedo a todos os seus desejos. Fui ao encontro de seus menores caprichos. Inventei para você carícias depravadas e graças a tudo isso posso, além do mais, possuir todo o seu corpo.

Já não consigo abrir mão de você, é impossível. Quando não te tenho, fico tremendamente triste. Ontem, eu te olhava dormir. Com a cabeça entre meus braços, você estava sereno depois de tantas lutas. O seu corpo nu me revelava todos os seus encantos. Sabe que você é bonito, meu amor querido, e que tenho muito orgulho de possuir um amante como você? Só de pensar nisso sinto que te desejo. Gostaria, Lotte querida, de ter você esta noite ao meu lado. Gostaria de poder beijar de novo, apaixonadamente, toda a sua carne e enfiar minha língua entre as suas nádegas, chupar o seu cu. Adoro esse cu, ele me pertence. Quero-o só para mim. Assim que você me priva dele, só tenho um desejo, possuí-lo de novo. Ah, por que você não é completamente meu? Por que devo te deixar nos braços de outra mulher que não sabe toda a felicidade que ela despreza? Ah, pronto, viu, está recomeçando. Eu já estava aqui, mais calma, mas esta noite me sinto louca de novo. Te amo demais para sofrer essa divisão, e se soubesse que nos braços dela você é tão feliz quanto nos meus, estaria tudo acabado, sabe. Para me sentir em paz, preciso ter uma ilusão, a de ser para você a amante querida cujas carícias, todas as carícias, você deseja. Se fosse de outro jeito, se a sua alegria fosse a mesma com Ela e comigo, eu não continuaria a luta, juro.

Charles querido, esta noite estou má, de repente. Estou ciumenta, tremendamente ciumenta, e toda a minha carne se contrai diante da ideia de que neste momento, enquanto te escrevo, você dorme ao lado de outra. Vou dormir sozinha, pensando em você. Por que não consigo dormir depois de uma relação maravilhosa como a de ontem? Tenho vontade de enfiar o meu pau no seu cu ou beijar o seu buraco com tudo para te ouvir gemer de volúpia. Que amante maravilhosa você é, Lotte, e como viver sem você? Se me quer como amante, guarde-me enquanto desejar. Espero que o dia do rompimento jamais chegue e que ainda comemoremos mais um aniversário.

Vou parar, tesouro querido, já passa da meia-noite. Na segunda-feira te enviarei esta carta como *pneu*. Certamente você não terá tempo de me responder. No entanto, gostaria de te ler depois desse dia. Me diga depressa, Lotte amada, se está contente com o seu amante. E me diga também que me ama. Preciso saber, de novo.

Adeus, amor querido, beijo ardentemente a sua boca adorável que sabe tão bem chupar minha boceta e enfio no seu cu loucamente, enquanto você conseguir suportar. Vou dormir masturbando o meu botão para imaginar que é a sua mão que me faz gozar.

Te adoro.

Sua Simone

Meu querido pequeno deus,

Hoje estou infinitamente triste. Meu coração está pesado com uma tristeza vaga, imprecisa, que me dói. Pensamentos giravam em desordem no meu cérebro e eu gostaria de ter você perto de mim, bem perto de mim, para me consolar com sua querida presença, para sentir, como ontem, seu braço apertar o meu tão suavemente. Daqui a pouco vou te chamar por telefone para ouvir a sua voz.

Se pudéssemos hoje nos encontrar no nosso quartinho, como eu te amaria, meu bem-amado. Com que fervor apaixonado beijaria esses lábios quentes que se entregam aos meus beijos. Depositaria neles uma longa carícia, ardente e meiga ao mesmo tempo, uma carícia infinita em que transmitiria toda a violência de meu imenso amor. E depois, sabe, atrairia para mim, com as mãos esticadas, sua querida cabeça castanha e veria então, ao alcance dos meus lábios, seus olhos imensos, seus olhos profundos e apaixonados que me enfeitiçam, cujo olhar às vezes se turva sob a violência do desejo. E esses olhos que adoro, eu os fecharia com meus lábios, enquanto acariciaria suavemente, suavemente, toda a carne nacarada do seu corpo maravilhoso que me causa êxtases únicos, toda a sua carne de macho para a qual todo o meu ser se estende num desejo supremo que me deixa sem forças, sem vontade. Se te tivesse nos braços, meu amor querido, gostaria de te inebriar com minhas carícias loucas, antes de te levar comigo para o êxtase infinito em que afundam nossos dois corpos.

Será amanhã? É o que desejo avidamente, meu amor querido, pois parece que há muito tempo que você não faz meu corpo gozar com seus beijos ardentes.

Será amanhã que você me apertará de novo em seus braços insistentes, diga? Ah, eu adoraria, eu adoraria, pois sinto tanta vontade de você!

Guardo fielmente em minha carne a lembrança maravilhosa do nosso último encontro. Lembre-se, nossos dois corpos nus, enlaçados, a sua boca se colando ávida e morna no meu botão que endurece. Você lambe, com uma língua muito hábil, toda essa carne ofegante que aos poucos deixa escorrer entre os seus lábios um licor amargo. As suas pernas envolvem o meu pescoço. Agarro na boca impaciente o seu pau que endurece, e depois, deixando esse membro trêmulo, acaricio suas bolas escuras que me tentam. Pego uma entre meus lábios, na boca, e agora ela desaparece ali dentro, inteirinha. Ainda me parece, com dez dias de distância, senti-la no fundo da garganta e tenho a impressão de desmaiar de novo de volúpia sob a insistente carícia da sua língua lambendo toda a minha boceta.

Será essa a loucura que faremos amanhã? Que trepada queremos? Farei, meu amor, tudo o que você quiser. Ficarei passiva ao seu lado e você dirigirá os nossos sentidos pelo caminho que te agradar.

Diga, quer me fazer sofrer? Tem a obsessão desse gozo louco? Quer me fazer gritar de dor sob as suas pancadas? Como te excitará ver o pobre corpo da sua amante se torcer na sua frente! Como os gritos de sofrimento dela farão seu pau endurecer e que volúpia quando você colher sobre aquela bunda machucada a primeira gota de sangue que o seu vício cruel espera há tanto tempo!

Estou pronta para sofrer tudo, para querer tudo se souber que você é feliz, se souber que me ama, pois quero ter você por muito tempo, muito tempo, meu querido pequeno deus, meu Amante adorável.

Sei que, se você quiser, me fará sofrer cruelmente, mas também com que alegria receberei minha recompensa! Você me possuirá numa relação tão suave, tão terna, que esquecerei os minutos pavorosos da flagelação. Todo o meu corpo te pertence, você sabe. Você é meu único senhor, senhor do meu coração, senhor dos meus sentidos. Então, decida. Dite a posição mais favorável. De joelhos, te estendo minha bunda impudica. É assim que me quer? Não, melhor assim: de bruços, mãos amarradas, pernas abertas, amarradas também, uma almofada sob minha barriga para levantar minha bunda impertinente. Olhe, ela está te provocando e zombando de você. Faça-a se calar sob a terrível palmada que vai machucá-la até sair sangue.

Ah, Charles, Charles querido, sofrer assim por você, que volúpia! Amanhã, se quiser, levarei um chicote fantástico. Que brinquedo terrível nas suas mãos de especialista! Você me dirá se o quer ou se quer ser suave e meigo. Farei o que quiser, mas te peço para não me fazer mais desejar por muito tempo essa hora maravilhosa. Venha correndo amanhã para meus braços bem abertos que vão se fechar apaixonadamente sobre você.

Mas me diga que me ama, que me quer. Não fique com essa cara fechada, impenetrável, que me gela o coração. Sei que não está livre como gostaria, mas me diga de uma vez por todas que me ama, diga claramente e tirarei dessa confissão a força de suportar a sua frieza passageira. Diga que quando está assim, indiferente, não devo me alarmar, e que voltará para mim pouco a pouco.

Sim, sei que temos um passado maravilhoso, um presente ainda apaixonado, mas você sabe que eu temo o futuro. Infelizmente! E quando te vejo de rosto fechado, temo de modo atroz que esse futuro esteja bem perto. Meu pequeno deus, se você não fosse um amante maravilhoso, se não tivesse me dado volúpias únicas, será que eu teria tanto medo de te perder? Eu não pensaria que outros depois de você, se eu quiser, ainda saberiam me amar? Mas você, você, você não é como os outros. Será que "os outros" conhecem essas carícias, essas orgias? Será que "os Outros" têm esses vícios como os seus? E posso, senão nos seus braços, conhecer um amor parecido? Meu Charles, não, além de você nada conta. Minha carne está soldada à sua carne, irresistivelmente, e é por isso que tenho medo de te perder.

Mas me tranquilize, meu tesouro querido. Me faça morrer sob os seus beijos. Me faça sofrer sob as suas paixões. Me pegue loucamente, inteira, sou sua.

Escute, se você se sente cansado das minhas carícias, um dia nos separaremos, mas me prometa que me dirá francamente. Serei forte ao te escutar. Melhor a triste realidade do que a dúvida pavorosa que nos corrói...

Chega de pensamentos tristes. Vou pensar em você a noite toda, meu Bem-Amado. Você virá povoar meus sonhos com imagens apaixonadas. Pense que espero com uma impaciência louca nosso próximo encontro. Não me faça esperar mais. Amanhã, se puder, depois de amanhã talvez, mas o quanto antes, meu adorado.

Evoco o esplendor do seu corpo maravilhoso e uma onda de desejos imperiosos cresce em mim. Pertencer a você na dor ou na alegria, que êxtase infinito!

Adeus, meu querido pequeno deus adorável. Espero amanhã seu telefonema e espero que não seja uma decepção. Se tem, como eu, pressa de reviver nossas horas de loucura, fará o impossível para vir me encontrar. Estou pronta para sofrer. Prometo ser dócil. Prometa me amar com toda a força do seu vício.

Adeus, meu amor querido. Vou voltar para casa bem depressa para pensar loucamente em você, em nós.

Beijo apaixonadamente seus lábios e seus olhos. Sua, toda.

Simone

Meu querido que eu adoro,

Fiel à promessa, respondo sem demora à deliciosa e longa carta que encontrei de manhã no escritório. Não perdi nada por esperar, pois as frases eram apaixonadas e carinhosas ao mesmo tempo. São as palavras encantadoras que gosto de ler, pois me deixam feliz.

Se você soubesse, meu querido lindo, como é bom saber que me ama assim. Muitas vezes preciso me convencer disso, pois é tão maravilhoso que sempre acredito ver chegar o fim de um sonho desses. Mas você é sincero, eu sinto, e me vê radiosa.

Sim, você saberá me ligar a você por mais um ano, um ano inteiro, pois as suas carícias, meu amante, são dessas que nos acorrentam, que nos amarram e que nenhuma força consegue fazer esquecer, além de nossa vontade de acabar com elas. Mas não devemos limitar a esse novo ano o nosso desejo mútuo, pois afinal, por que, meu querido, nos cansaríamos? Não encontramos no nosso amor alegrias imensas, verdadeiras, profundas, sensações tão maravilhosas que pensamos ser irreais? Nós nos despojamos, um e outro, e há muito tempo, de qualquer pudor e de todo egoísmo, e cada um de nós sempre busca, antes do próprio prazer, o prazer do outro, que ele deseja completo e absoluto. Você conhece meus vícios e eu conheço os seus. Eles se parecem, são quase os mesmos, e a união absoluta de nossos corpos, ao combatê-los, nos traz para sempre lembranças que não morrem.

Sim, Lotte querida, por muito tempo desejei escapar das carícias insossas e rituais que me deixavam indiferente, sem desejo, para provar os prazeres devassos mal suspeitados e para isso eu sonhava com uma adorável amante que me desse seu corpo encantador e depravado, que me esmagasse de carícias tão doces a ponto de me deixar sem forças... Por muito tempo procurei, sem jamais descobrir a Eleita. E depois, veja só, no último instante, eu hesitava; não era atrevida, já não ousava enfrentar esse perigo e me ver, assim, "desnaturada". Quando o acaso todo-poderoso nos uniu, quando vi o clarão ardente dos seus olhos que se fixavam em mim, recebi como um choque. Fiquei infinitamente perturbada, sem entender... Permaneci assim vários dias, não conseguindo expulsar a imagem, avistada muito depressa. Pensava em você obstinadamente, sem parar, e seus olhos, seus olhos maravilhosos que eu adoro, queria revê-los, reencontrá-los. Agora que sei o que somos, que penso no que fazemos, compreendo que esse choque foi a advertência secreta de que enfim descobri o ser adorável que em vão desejava. Resisti bem pouco às suas iniciativas, não é mesmo? Bem depressa fiz de você o meu amante, sem te conhecer direito. E frequentemente, sabe, tive vergonha disso. Algum dia você me julgou mal por isso, me diga? Agora pode me dizer, agora que nos conhecemos. Eu te digo, esta noite, todo o meu remorso, pois o tive, mas como durou pouco! Sob sua terna paixão, ele derreteu como neve ao sol e agora não me arrependo de nada, não, de nada.

Sim, meu amor, encontrei em você a mais deliciosa amante com que se pode sonhar. Eu queria um corpo encantador: você não me oferece o esplendor de sua carne tão suave, tão branca, tão pura? Todas as suas linhas são harmoniosas e cheias, seios pequenos e deliciosos, um ventre liso e suave, uma bunda arredondada, grande o suficiente para me dar a ilusão encantadora. Eu queria vício, e não encontrei em você? E que ardor em provar minhas carícias, que ímpeto em me restituí-las!

Ó, Lotte, amantezinha encantadora, você é a Eleita, aquela que eu esperava. Quando tenho seu corpo nos braços, quando beijo sua carne, sou infinitamente feliz pois te adoro. Sim, me dê sua linda bunda, afaste com as mãos suas nádegas brancas. Meu membro terrível dardeja para você a cabeça vermelha. Veja,

veja, meu pau duro e comprido entra devagarinho, devagarinho em você. Está ali na sua carne, mexe sem parar... Está sentindo, bem-amado, está sentindo? Ah! Que êxtase vê-lo desaparecer inteirinho no seu cu, te ver gemendo de felicidade, te sentir prisioneiro de minhas coxas poderosas... Goze, Lotte querida, goze, desmaie de volúpia, é assim que te amo.

Mas se minha alegria é grande em possuir assim sua carne, também é grande no contato de seus lábios em minha boceta. É a carícia tão desejada antigamente, e que você me oferece. E que ternura confere a essa relação. Sua boca adorável segura o meu botão prisioneiro e você o chupa e lambe até que a última gota tenha caído em seus lábios. Sim, era isso que eu queria, Lotte querida, você me faz gozar adoravelmente bem...

Mas além desse papel imprevisto que representa tão bem há quase dez meses, que amante maravilhoso encontrei em você! Apaixonado, depravado, ora brutal, ora carinhosamente amoroso, virtuoso. Você soube descobrir regiões perdidas para me fazer vibrar por inteiro. Em seus braços sou realmente uma pobre coisa, e quase uma boneca sem vida, pois minha vida, você pega, a retira de meu corpo, e leva-a gota a gota com seus beijos sábios e suas trepadas maravilhosas. Você me revelou desde o primeiro dia adoráveis carícias que me fizeram sua para sempre. Charles querido, há um ano a felicidade que me dá é perfeita e sem nuvens. Graças a você conheço a doçura do amor, todos os seus desejos, todos os seus segredos. Minha expectativa mais fervorosa é conservar sua ternura por muito tempo, para sempre, pois te adoro, sim, realmente... Comparados a você, o que são os outros homens? Nada, nada... Só vejo na vida a luz dos seus olhos, o vermelho dos seus lábios, a brancura da sua pele, e para mim meu horizonte termina onde termina o seu coração.

Sim, meu amor querido, mais umas semanas e você será meu, sem divisão. Será só meu esse amante apaixonado e poderei enfim te fazer conhecer a prova suprema com a qual você sonha. Você conhecerá a dor das correias na sua carne já vermelha, conhecerá a dupla sensação e me dirá enfim se eu soube te iniciar no mistério cruel da flagelação. Ah! Depressa, Charles, que chegue depressa esse dia em que, finalmente senhora da sua carne, você me dará esse corpo sem reserva.

Nesse quarto tão discreto, conheceremos alegrias ardentes. Breve talvez, seremos de novo um do outro, loucamente, completamente.

Você sabe que não posso me privar do seu corpo. Preciso mais que nunca dos seus lábios, das suas mãos, dos seus olhos, ó, dos seus olhos sobretudo, cheios de desejo. Me dê tudo isso, meu amor!

Eu me dou a você sem reserva. Você é meu senhor, meu pequeno deus querido ao qual não consigo resistir. Se te agrada machucar loucamente minha bunda que você adora, pegue o chicote e bata, bata até sangrar. Sei que espera essa hora há muito tempo, sempre a desejou. Ela está próxima talvez, mas a prova é cruel e fraca é a minha vontade.

No nosso próximo encontro serei a amante dócil de corpo voluptuoso e você me amará loucamente.

Sobre você deitarei meu corpo, te oferecerei minha boceta, meu cu, você os chupará apaixonadamente. Depois vai me comer por trás, vai me foder com os dois "membros" e na minha boca escaldante vai colar seus lábios para acabar comigo, num longo beijo.

Mas terei minha revanche, meu amor!

Adeus, querido tão adorado, tão querido, é uma carta bem longa que você vai ler. Quero uma resposta, está ouvindo? Te permito escrevê-la mais curta mas você tem o que dizer! Quero saber todo o seu pensamento, desde o primeiro dia, quero saber se algum dia pensou que eu era "fácil". Cedi tão depressa! Você sabe que foi meu único amante, que te adoro, mas me revele esses pensamentos. Preciso que nosso amor seja limpo.

Até segunda, meu querido Charles. Te amo e agora só vivo para conservar seu amor. Quero-o mais belo que nunca para que ele dure por muito tempo, muito tempo...

Adeus, querido que amo. Colo minha boca no seu buraco e o chupo até perder o fôlego.

Te adoro.

Sua Simone

Sexta-feira, meia-noite

Meu querido pequeno Charles,

Você vai me desculpar por não ter conseguido escrever mais cedo, mas, como cheguei ontem pela manhã, fui imediatamente convocada e tive um trabalho incrível. Ontem à noite queria vir conversar com você, mas estava morta de sono. Não escreveria nada interessante. Não vai ficar zangado por eu ter atrasado vinte e quatro horas, não é, meu amor?

Fiz uma viagem deliciosa. Estou num canto maravilhoso. Estou hospedada aqui no Club. Tenho um quarto grande que se parece muito com o nosso, meu tesouro (tirando os espelhos). Só tenho uma tristeza, sabe, é não ter você ao meu lado. E te sentir tão longe de mim! Por que não podemos escapar de todas essas obrigações que nos mantêm, um e outro, prisioneiros? Por que você não está livre, meu Charles? E não pode me dar alguns anos de sua vida? Não digo a vida inteira, pois lembro que um dia você sorriu quando pronunciei essas palavras. É quando também estou longe de você que sinto melhor ainda tudo o que você é para mim. E nesses momentos todas as nossas lembranças voltam em profusão ao meu espírito. Então te evoco, meu pequenininho, do modo como te amo, ternamente apaixonado, vicioso até o fim. E nesta noite penso em nosso último encontro, na última segunda-feira. Sim, realmente, nós nos superamos, um e outro, pusemos um raro ímpeto em nos proporcionar as carícias mais alucinantes. Você me fez muito feliz, minha Lotte, entregando-se a mim como se entregou! Quer saber quais são minhas impressões quando te possuo assim? Elas se resumem nestas três palavras: "eu fico louca". Sim, meu amor, quando sinto contra minha carne a doçura da sua, todo o meu ser estremece, perco a cabeça e só tenho uma ideia: te fazer gozar, te subjugar sob o arrebatamento de minhas carícias, domar o seu corpo lascivo e em seguida possuir esse cu que eu adoro. Sem dúvida, não esqueço que foi por mim que você conheceu a perversidade desse ato e fico verdadeiramente feliz em constatar a alegria com que você a recebe, e quero sempre te amar assim. Quero te possuir tão loucamente como fiz na segunda-feira. Na minha volta teremos com certeza mais uma hora, não é, meu bem-amado, e me mostrarei tão safada, tão pervertida quanto na última vez. Agarrarei todo o seu corpo em meus braços, minha boca tocará na sua carne morna e te inebriarei lentamente com beijinhos apenas perceptíveis que farei correr ao longo de todo o seu corpo. Será como um sopro, como um arrepio. Meus lábios mal encostarão na sua carne, mas ela estremecerá, de tão suave a sensação. E minha boca também tocará na sua boca. Você sentirá minha língua nos seus lábios e manterei os seus prisioneiros por muito tempo, enquanto minha mão buscará o seu pau para masturbá--lo devagarinho.

Eu também, querido, espero impaciente nossa noite de amor. Você então será amado loucamente, Lotte, pois nada nos deterá até satisfazer nossa ternura. Te darei todas as carícias que você ama. Beijarei seu cu, enfiarei lá dentro, mordiscarei seu pau, lamberei seu saco, mas, sobretudo, te darei a sensação ardente com que nós dois sonhamos. Sim, serei infinitamente feliz de te iniciar nesse novo mistério e gozarei duplamente. Nada teremos de bem-comportados nessa noite, meu querido tesouro. Antes de nos deixarmos por longos dias, nos amaremos apaixonadamente para vivermos de lembranças durante a ausência.

Também espero, como você, que as próximas fotos estejam ótimas. Sim, será loucamente excitante revê-las. Que loucuras você fará em Bandol com essas imagens?

Estou louca para voltar para casa, meu querido tesouro. Mais dois dias, talvez três, sem te ver. Você está triste longe de mim e pensa na sua amantezinha, na sua amante apaixonada e pervertida?

Tente se liberar na próxima sexta-feira, meu amor, pois estou com desejo de você, muito desejo. Não consigo mais me privar de você, de suas carícias, e tenho pressa de ter você para mim, totalmente nu em cima daquele grande sofá onde já fizemos tantas loucuras. Tenho um imenso desejo de toda a sua carne, penso nela sem parar e estou muito triste longe de você. Sim, tesouro, viveremos horas inesquecíveis, pois nosso ardor não se extinguiu e nos amamos ainda mais que no passado. A união completa e total de nossos corpos nos promete dias intensos. Ah, depressa, depressa, venha para que eu te ame, venha me dar toda a sua carne tão suave para que eu a beije.

Te beijo muito carinhosamente como te amo. Mais um adeus, querido pequeno deus de amor. Comporte-se direitinho longe de mim e tente estar livre na sexta-feira para que possamos nos amar com um entusiasmo incansável. Toco meus lábios em sua carne e a beijo apaixonadamente.

Simone

Meu amor querido,

Eu me aborreço, me aborreço. Gostaria de estar ao seu lado, ao lado de quem amo. Quantos dias se passaram desde aquela hora maravilhosa em que eu tinha nos braços seu belo corpo desfalecido sob o gozo! Disso só me resta a lembrança ardente, e desde aquele dia, nem uma vez meus lábios tocaram a sua carne, nem uma vez minha boca agarrou apaixonadamente o buraquinho escuro do seu cu para se satisfazer.

Você já não tem, meu amado, desejo do meu corpo, já não tem desejo da carícia louca de que seu ser outrora esperava tanto gozo? Já está cansado dos braços do seu amante e seus beijos ardentes não despertam nenhum eco? Quantas horas se passaram, meu amor querido, durante as quais desejei seu corpo! Jamais saberá a que ponto a doçura da sua carne obceca minhas noites solitárias, sem ternura, sem amor. Às vezes acordo, procuro você perto de mim, mas infelizmente abraço apenas o vazio e seu nome tão amado se mistura em meus lábios com as palavras de amor que jogo sobre você.

Minha Lotte, minha doce amante, como te amo! Por que sortilégio, por que encanto secreto você segura em suas mãos queridas meu coração doloroso e atormentado? E que força misteriosa existe num de seus olhares para que cada dia você me faça te amar ainda mais? Cheguei a esse grau de amor estúpido que nos rebaixa ao nível de um cão fiel, de um bom cachorro grande que espia o carinho da mão querida, que espera o gesto de lisonja do dono.

Ah, Charles, Charles. Que mulher você fez de mim? Pelo menos se dá conta de quanto te amo? Espio o menor de seus caprichos para te dar prazer. Vou ao encontro de tudo o que pode te agradar e gostaria de afastar do seu caminho os obstáculos, as pequenas misérias que atrapalham a sua marcha de jovem deus.

Será preciso que eu te ame, meu deus, para te desejar assim sem descanso depois de treze meses de paixão?

Quando reviveremos uma hora de amor, querido? Tenho o grande desejo de te pegar amorosamente e outro, maior ainda, de me dar a você, com toda a minha alma. Sem dúvida, agora não teremos mais tempo de nos ver antes desta noite que você me promete há vários dias. Não sei nem mesmo se devemos nos ver, pois ainda seria muito perto e estaríamos mal recuperados de nossas cartas. Não, querido, aguardemos, aguardemos um pouco e virá o dia em que iremos um em direção do outro, cheios de desejos e cheios de amor. Essa noite, ah, como a convoco, como a espero! Como te amarei, Lotte, quando te tiver nos braços. Procurarei carícias raras e suaves para te inebriar, para te perturbar e todo o seu corpo me pertencerá, sem reserva, não é, querido? Você está pronto para sofrer a prova que sonho em te impor? Está pronto para me entregar sua bunda para que o chicote deixe sua marca sangrenta e uivante? Para te fazer esquecer a dolorosa carícia, minha língua e minha "pica" serão incansáveis. Te darei muito gozo. Ele chegará para você em ondas precipitadas e você já não conseguirá resistir quando vir se enfiar dentro da sua carne esse membro enorme que meu vício descobriu para você.

E eu também, sei quais serão as volúpias que me dará. Conheço bem demais o amante que tenho para duvidar um instante do prazer que terei em seus braços. Uniremos nossos corpos em adoráveis carícias. Formaremos uma mesma carne e o mesmo arrepio nos jogará nos abismos profundos de onde sairemos arruinados.

Ah, a doce visão! Vejo nossas carnes fundidas, nossos membros enlaçados e nossas bocas unidas num beijo sem fim onde transmitimos toda a nossa ternura. Você não deseja, como eu, essa hora de paixão?

Meu querido, meu querido, meu coração está repleto de você. Se soubesse com que fervor pronuncio seu nome querido nessas horas tristes em que, longe de você, me desconsolo! Contemplo a sua pequena imagem e te digo todo o meu pesar, toda a minha alegria, toda a minha esperança também. Você está permanentemente na minha vida, em todos os minutos. Te levo comigo, ciumenta, e ninguém desconfia que sonho persigo quando meu olhar se fixa no horizonte. Querido tão amado, seja feliz, seja orgulhoso. Não é maravilhoso ser amado assim? Gostaria, ai, de te mimar ainda mais, meu querido. Gostaria de poder te dar tantas coisas, criar para você uma vida muito bonita, muito calma, mas um obstáculo intransponível existe entre nós, que me força ao bom comportamento. Então me contento com as horas que roubo, com os minutos infelizmente curtos demais em que você é um pouco meu, como ainda agora. Ah, grande criança querida, que prazer eu sentia em ter você assim ao meu lado! Gostaria que esse passeio se prolongasse, que partíssemos nós dois. Ah, Charles, como tenho medo de sofrer! Como você me fará mal um dia! Por que me dei tanto a você, já que virá a hora em que deverei voltar atrás? Retarde-a, minha Lottezinha, o máximo que puder, pois terei uma imensa tristeza no dia em que nada do que foi tão belo ainda será.

Adeus, tesouro amado, até amanhã. Você responderá a essa longa carta? Sim, não é mesmo? Diga coisas suaves para me acalmar, para adormecer meu pesar. Diga se continua me amando tanto, com o mesmo amor tão doce para o meu coração. Quero uma carta muito amorosa em que você porá toda a ternura, pois ainda me ama, não é, Lotte querida?

Simone

Domingo à noite

Meu amor querido,

O dia inteiro pensei em você. O dia inteiro esperei esse minuto de solidão para poder enfim escrever como queria. Amanhã, chegando a Bandol, você encontrará minha carta de ontem, bem apressada. Terá me escrito, você também, e terei a alegria de ler algumas páginas apaixonadas?

Então estou sozinha. Penso em você, meu bem-amado, tão longe, tão longe. E meu coração aperta diante da ideia de todas as horas que vou viver sem você. Sinto um pouco de tristeza, sabe, e essa separação, tão próxima da primeira, pesa no meu coração tão pleno de você.

Como te amo, meu querido amor! Não posso arrancar do meu espírito a sua imagem querida e incessantemente o seu nome está nos meus lábios. Você me possuiu inteira com suas carícias, com seus beijos, e agora sou sua, só sua, sabe? Você levou todo o meu coração com você. O que não levou de meu corpo? Por que preciso de novo ser privada desse amor que faz minha alegria?

Evoco, no silêncio dessa noite tão quente, nossas últimas horas de volúpia, todas as nossas relações, todas as nossas carícias, e sinto crescer em mim esse implacável desejo de você que me invade, me perturba, põe febre no meu sangue. Como estão presentes diante de meus olhos essas imagens perturbadoras, como as revejo, essas horas loucas!

De início, a primeira, aquele encontro no dia seguinte à sua chegada. Quinze dias tinham se passado, quinze longos dias de espera. Finalmente te revejo, te aperto nos braços. Te tenho perto de mim, minha Lotte, sempre tão bela, tão depravada, adorável amantezinha que eu amo. Com um ardor louco, nos agarramos.

Nossos corpos estreitamente abraçados vibram com os mesmos arrepios, com as mesmas volúpias.

Veja, a melhor hora para mim foi aquela que passamos no meu escritório. Eu esperava, com o coração disparado, eu espiava a sua chegada, e breve você está nos meus braços, lábios contra lábios. Sem demora, de joelhos na sua frente, minha boca agarra o seu pau que está endurecendo e que eu chupo com paixão. Sou pródiga nessa carícia que você ama, sem reserva. Mordisco o seu pau e isso te dá prazer, eu sinto, pois entre meus dentes ele vibra, se agita. Está duro, bem duro, e contemplo esse belo brinquedo. Sabe que o seu pau é lindíssimo, e que o adoro?

Espero que minhas cartas alimentem em você o fogo sagrado do desejo, para que eu te reencontre mais amoroso e mais louco que nunca.

Se amanhã eu receber uma longa carta, te escreverei logo. Não quero perder um dia de te dizer todo o meu amor e como fico triste e sozinha longe de você. Penso em você sem parar e revivo no pensamento todos os nossos belos momentos de amor.

Adeus, meu querido tesouro, me dê seus lábios para que eu beije e me dê também seus olhos adorados.

Te adoro. Escreva todos os dias, meu amor.

Simone

Quinta-feira, 9h30 da noite

Minha Lotte querida,

Recebi pelo correio das 3 horas sua longa carta de terça-feira, mas não pude responder mais cedo. Portanto, te escrevo de meu quartinho, porta fechada, sua querida foto diante de meus olhos, e você pode contemplar à vontade toda a minha nudez, pois estou inteiramente despida, de tão sufocante que está o calor.

Li sua carta com grande interesse, meu amor, e é com a mais absoluta franqueza que vou responder às duas perguntas que ela contém.

Nunca tive uma amante antes de te conhecer, minha Lottezinha, mas mentiria se dissesse que jamais procurei uma mulher. Queria provar essas carícias maravilhosas das quais tinham me falado algumas vezes. Sonhava com uma doce amiga que me amasse ternamente e a quem eu com certeza retribuiria as carícias apaixonadas que dela esperava. Sempre, no último momento, hesitava em tentar a aventura, contida por vagos escrúpulos, vagos preconceitos, e me recolhia, esperando dias melhores. Devo me lamentar desse passado de virtude? Não, sem dúvida, já que ele me permite te dizer hoje: "Lotte querida, você é minha única amante, meu único pecado e quero te conservar para sempre, pois você me dá as sensações perversas que eu esperava". Não sei se uma mulher pode ser mais especialista que um homem, mas posso te garantir, meu amor, que você se tornou uma admirável amante e me torna infinitamente feliz. Você não tem nenhuma lembrança a apagar em minha carne, mas te permito me amar mais loucamente ainda se temer que num dia de lassidão eu vá te deixar para me pôr novamente em busca de uma mulher. Só depende de você, meu amor, ligar-me a você para sempre. Você conhece todos os meus vícios, todas as minhas carícias preferidas. Dê-me todas, com amor, e nunca te deixarei, minha Lottezinha adorada.

Tenho um raro prazer em sentir sua língua na minha boceta. Você a chupa, lambe, aspira. Seus lábios a aprisionam e não demoro a gozar. Pode acompanhar no meu rosto a chegada do gozo. Todo o meu corpo se contrai e num derradeiro espasmo me abandono toda sob o êxtase infinito dessa carícia deliciosa. Tranquilize-se, querida amada, você é uma amante hábil e os prazeres que me dá não seriam maiores nos braços de outra amante. Meu querido, você realiza meu sonho inteiro e te adoro.

Quanto à segunda pergunta, não sei o que responder. Você me perturba infinitamente. Sem dúvida, assistir *com você* a cenas de libertinagem, ver mulheres se chuparem, casais se possuírem nas poses mais audaciosas, a coisa é muito tentadora, pois sei quais orgias cometeríamos depois de nos termos excitado mutuamente com essas visões lúbricas. Mas, realmente, me pergunto se precisamos desse novo excitante. Não creio, meu amor. Cometemos juntos loucuras suficientes para saber o que poderiam ser essas cenas. O que poderíamos aprender com elas? Provavelmente nada, mas me diga, você, se quer. Te agradaria ir ver isso *comigo*, é claro? Pois não penso que queira ir sozinho ou com outra. Somos uns grandes loucos, nós dois, e não sei onde pararemos.

Não, minha Lotte, não me zango por causa do seu sonho barroco e te amo cada vez mais. Posso me zangar por tão pouca coisa, sobretudo com cartas como as que te escrevo? O que eu temia é que esse sonho fosse um desejo dissimulado e que você quisesse provar esses prazeres especiais. Eu tampouco, querido amado, poderia tolerar uma terceira pessoa entre nós. Tolero apenas a partilha *legítima* do seu corpo. O que seria então se eu devesse ainda te entregar a outra amante?

Eu gostaria justamente de te fazer uma pergunta, mas você se antecipou me dizendo que eu era o seu primeiro amante. É mesmo verdade? E de onde te veio esse gosto perverso de querer sentir na sua bunda um pau de macho? Não posso crer que te perverti a esse ponto e que minha influência sobre você seja tão grande. Seja como for, te amo como você é, com as suas paixões e os seus vícios e quero que me dê sua bela bunda para que eu possa te comer apaixonadamente. Também gostaria de possuir esse último brinquedo que nos falta, mas, infelizmente, onde e como consegui-lo? Tem alguma ideia a respeito, Lotte querida? Teremos de nos contentar, creio, com os nossos meios atuais que já fazem maravilhas. No seu retorno, verá como fincarei a minha pica no seu cu, safadinho. Você poderá gritar, não terei pena, e o mais grosso dos dois entrará na sua carne o mais fundo possível. Duas, três vezes, se você tiver forças, vou te comer assim, já que é o seu desejo louco e será grande a minha felicidade de ver minha Lotte se dar inteira. O seu traseiro vem ao encontro do meu membro. Ele estremece, ondula e a cada mexida que dou você se torna ainda mais minha. Empurre, querido, empurre bem. Está gostoso, hein, safadinho, e como você gosta dessa carícia! Sim, você adora dar o cu, seu sem-vergonha, mas estou aqui e te farei isso quantas vezes você quiser. Espero que nunca ponha os olhos num homem. Estaria terminado entre nós, pois quero a posse absoluta da sua carne, assim como você quer a minha. Estou até me perguntando como não me revolto mais ainda só de pensar que você tem prazer com a outra. O que dá a ela, rouba de mim, e me mantenho inteira para você. Isso é justo? E por que não está livre?

Sim, meu querido amor, agora sinto um prazer louco em ser fodida por você. Sem dúvida, no início da nossa ligação eu não queria essa relação banal, mas, neste momento, ela acrescenta um charme a mais ao nosso amor. Você é um amante maravilhoso. Não sei como faz, mas com você eu gozo loucamente, só de ter o seu pau no fundo da minha boceta. O que não quero é que solte a porra assim, pois então seria nos rebaixar ao nível dos amantes ordinários. Conhecemos sensações mais fortes, mas quero que você me coma sem parar. Não sei que posição prefere. Sim, a sua pica entra melhor quando estou de joelhos e você pode acariciar a minha bunda, açoitá-la por trás ao mesmo tempo. Mas, ventre contra ventre, possuo melhor o seu corpo e vejo o seu pau entrar e sair da minha boceta, e isso é mais excitante ainda. Envolverei os seus quadris com meus braços e assim a metida será mais apertada e você me fará gozar tantas vezes quanto conseguir conter o seu desejo, e depois meterá o pau onde quiser para esporrar apaixonadamente.

Como faz tempo, tesouro querido, que não gozamos juntos! Desde o último encontro durante o qual vivemos minutos tão intensos, e, no entanto, nossos desejos se exasperam. Também não estou aguentando mais, meu amado querido. Te espero com impaciência. Agora só faltam cinco dias, e poderei, espero, me dar a você e te possuir, minha Lotte. Ah, como tenho vontade de você, querida mulherzinha adorada! Querida amante deliciosa, como preciso de suas carícias apaixonadas! Venha depressa deslizar sua cabeça entre minhas coxas, e lamba minha boceta sem parar. Esvazie-a de sua porra e me faça prová-la nos seus lábios. Quero chupar o seu pau, quero beijar o seu cu, masturbar as suas bolas e quero sobretudo enfiar no seu cu, amor, enfiar no seu cu mais e sempre. Me dê a sua bunda. Pronto, assim, vou meter em você. Está sentindo meu pau no seu buraco? Ele entra loucamente e eu lambo a pele do seu cu. Mais, mais, me dá, me dá gostoso.

Espero que na terça 17 possa te ver. Certamente não será de manhã. Vou ligar para marcar. Seria de tarde; quando, não sei, talvez às 5 horas. Farei todo o possível, mas será difícil escapar com frequência nos próximos quinze dias por causa da mudança. Enfim, não percamos a esperança, e depois, não teremos todo o inverno para sermos um do outro, meu amado? Que nos importam as dificuldades se podemos nos ver uma ou duas horas toda semana! Não estamos seguros um do outro, agora, e nosso amor não é bastante forte para resistir a tudo, mesmo à ausência? Te amo loucamente, meu caro querido, e sou sua, você sabe? Você poderá me ter enquanto quiser, meu querido tesouro. Você me amarrou definitivamente por suas carícias maravilhosas e te adoro. Está ficando tarde, Lotte querida. Boa-noite, vou dormir pensando muito forte em você, querido. Te dou todo meu corpo. Pegue-o numa trepada louca que acabará com nós dois, mas nos ligará para sempre.

Até amanhã, meu amor, minha boca em seus lábios adorados.*

Simone

---

* Simone confessa de novo, depois de já ter confessado que tinha "sonhado com uma amante terna e lasciva", suas tendências lésbicas. Seria essa, na França de 1929, uma atração excepcional? Na verdade, o safismo não só era muito difundido como também estava muito na moda, senão em toda a França, pelo menos em Paris, e certamente nos meios favorecidos. Essa situação se devia à explosão de todos os prazeres no pós-Primeira Guerra Mundial, e isso em toda a Europa, e em Berlim mais que em Paris. Milhões de rapazes tinham morrido na guerra. As mulheres, que haviam trabalhado como homens quando esses estavam no front, na indústria como na lavoura, reivindicavam sua emancipação; esta ainda levaria todo um século, mas começou a se esboçar na época do nosso romance. Em 1922 aparecia o romance de Victor Marguerite, *La Garçonne*. Essa jovem andrógina e rebelde caracteriza os anos 1920. Ela não é necessariamente homossexual, mas se arroga o direito de relegar os atributos da feminilidade e de se apoderar dos atributos dos homens. Vemos o surgimento das calças compridas, do paletó e da gravata na roupa feminina. A saia, em uns poucos anos, sobe dos tornozelos até os joelhos. Os cabelos são cortados curto, e os grandes costureiros, a começar por Chanel, pegam essa onda, que vão manter até a Segunda Guerra Mundial. Existe em Paris, nessa época, inúmeros estabelecimentos reservados às mulheres, tais como o famoso Monocle. A sociedade, que continuava a deixar no ostracismo a homossexualidade masculina, dava mostras de certa tolerância quanto às práticas do lesbianismo. Por isso, não sendo perseguidas em razão de sua orientação sexual, essas mulheres não procuraram se organizar, e seria ilusório falar na época de uma "identidade lésbica" como corpo social; aliás, é provável que inúmeras mulheres com atração por seu próprio sexo não conhecessem nem mesmo esse qualificativo, ou pelo menos não o empregassem, e é por isso que não o encontramos nos textos de Simone. As mulheres com esses "gostos", de que Proust fala tão abundantemente, tinham diante dos olhos o exemplo de várias damas de projeção que não escondiam seus pendores, tais como Gertrude Stein, americana de Paris cujo brilho na cena intelectual da época foi considerável. Portanto, pode-se entender que Simone comunique a seu amante esse "vício" suplementar sem nisso encontrar motivo para se arrepender.

Sábado de manhã

Meu querido amado,

Encontrei de manhã a sua carta da quinta-feira. Não vim ao escritório ontem à tarde. Espero que tenha recebido em Narbonne minha carta postada na quinta de noite.

As quatro páginas que acabo de ler me deixaram muito feliz, meu bem. É assim que te amo quando você consegue evocar todas as nossas horas apaixonadas e, se não fosse a separação, eu te mandaria com frequência para Bandol. Lá você não sofre nenhuma influência estranha, nenhuma carícia que não seja minha, e é todo meu. Então fico feliz, meu amor querido, pois te sinto feliz e apaixonado, e sei que minhas cartas te causam uma perturbação infinita e que o seu desejo se exaspera. Assim, você deve observar que as escrevo carinhosas. Como você, deixo falar meu coração para que minhas cartas te levem um pouco de mim. Também espero impaciente a chegada do correio e percorro com alegria sem igual as páginas que me envia.

Mas hoje, Lotte adorada, preciso ralhar com você. Qual é afinal a ideia esquisita que se infiltra no seu espírito, e por que supõe que estou com saudades da amante com a qual eu às vezes sonhava? Por que duvida de minha ternura exclusiva? Não sabe, meu amor querido, que para mim você substituiu todas as amantes mais depravadas que eu pude desejar? Não sabe que nos seus braços vivo minutos intensos cuja lembrança nunca sairá de meu espírito? Por que quer, minha Lotte, que eu peça a uma mulher, por mais bela que seja, essas carícias que você sabe me dar tão bem? Quando segura entre os lábios quentes o grelinho da minha boceta, quando o chupa, o lambe, não sente logo um fluxo de esperma escorrer entre os lábios e não vê, no meu olhar, o gozo infinito que acaba de me dar? Acredite, meu amor querido, você me torna mais feliz do que sei te dizer, e para mim você realiza o sonho mais louco. Não, jamais te deixarei por uma mulher, jamais darei minha boceta a uma amante, pois te amo demais para imaginar um só instante uma coisa dessas. Eu me dei a você sem reserva, você sabe, pus toda a minha esperança nas suas mãos, e só você decidirá a hora do nosso rompimento. Ainda tenho muito amor em mim, meu bem-amado, para pensar em buscar em outro lugar sensações novas. Você é meu amante que eu adoro. Entrego-me a você com toda uma ternura infinita e você nunca me decepcionou. Sempre fui loucamente feliz em seus braços. Você soube me prender por laços mais fortes ainda que o amor: por laços que têm origem na minha carne, no mais profundo de meu ser, e seria preciso me fazer muito mal para arrancá-los. Se quer continuar a me envolver assim com sua ternura, se quer me dar as mesmas carícias, ainda poderemos por muito tempo permanecer juntos. Só tenho um desejo, meu grande querido, é me encontrar nos seus braços no nosso quarto discreto, e ali te dar sem parar todas as provas de amor que quiser de mim.

Agora conheço a carícia perturbadora com a qual você sonha. Na sua volta, renovarei o gesto que fiz no meu escritório, na quinta-feira passada. Você me dará sua bunda magnífica que eu amo. Depois de tê-la preparado com beijos engenhosos, afundarei minha pica grossa no buraquinho marrom. A carne retesada é reluzente. Que belo lugar para uma língua! Enquanto meu pau entra no seu cu, eu, com minha língua hábil, chupo a pele em torno do seu buraco. Com essa perversa carícia você vibra estranhamente e sinto minha mão estremecer o seu pau bem duro. É assim que quer que eu te ame, meu amor querido? Diga depressa.

Você não podia me dar alegria maior do que me dizendo que gosta de enfiar em mim. Somos dois safados. Soubemos enfim unir nossos vícios para nossa maior felicidade e ainda teremos

128

horas intensas. Vieram me entregar neste instante a sua carta de sexta-feira, enviada de Tarascon. Que boa surpresa, meu querido, e como estou feliz! Mas mais uma vez você volta a um assunto que se torna penoso para mim, pois agora me pergunto se você mesmo não está com desejo dessa outra amante que gostaria de ver trepar comigo ou me chupar diante dos seus olhos. Para que o seu sonho tenha te perturbado tanto, é preciso que tenha te dado um prazer imenso. Portanto, te daria prazer, Charles, que diante de você eu tomasse essas liberdades e que você gozasse com as carícias de uma mulher? Você me vê em cima da cama, nos braços de uma amante lhe fazendo as carícias que eu te dava ou a acolhendo entre minhas coxas e soltando-lhe na boca toda a minha porra? Você me deixa triste, pois me pergunto se, apesar do que me diz, eu agora sou suficiente para satisfazer os seus vícios. Seria capaz de amar uma relação a três? Toleraria, entre nós, outra mulher? Eu não, te garanto. Jamais conseguiria. Responda-me claramente. *Quero saber* o que te leva a me falar disso. Repito mais uma vez que você é tudo para mim e me faz muito feliz; que amante teria ao mesmo tempo a sua língua e o seu pau? Não, meu querido, não quero outro amante além de você. Não me deixe. Se já não sou depravada o suficiente para te fazer gozar, me diga, tentarei ser mais ainda, mas não quero te perder, nem te dividir mais uma vez. Nunca poderia amar uma amante diante dos seus olhos. Ah, não. Que loucura pensar nisso!

Quando você voltar, assim que eu puder me liberar nos encontraremos e verá, meu amado querido, com que ímpeto te amarei. Enfiarei no seu belo cu a minha pica mais grossa e chuparei sem parar o seu pau e as suas bolas para te fazer gozar intensamente. Ah, quero também reencontrar o seu corpo maravilhoso, quero te cobrir de beijos loucos e grudar minha carne na sua. Quero que me pegue numa trepada sem fim, minha Lotte, e então serei o seu amante apaixonado. Saberemos, nós dois, muito bem substituir a terceira amante. Você chupará a minha boceta e eu, ao mesmo tempo, chuparei o seu pau. Você enfiará no meu cu e eu ao mesmo tempo enfiarei no seu. Podemos fazer, não podemos? Você, deitado de barriga para cima, tem diante dos olhos a minha bunda e a minha boceta. Enfia entre minhas nádegas o seu pau grande e agarra meu botão entre os lábios. Eu, deitada sobre você, com a cabeça entre suas pernas, como seu cu e chupo o seu pau e gozamos juntos, loucamente. Precisa de outra coisa, meu tesouro?

Escreva depressa que continuo a ser a única dona da sua carne, que você é feliz com os meus beijos e que quis testar meu amor ao me fazer essa pergunta barroca. E pensando bem, não, me responda unicamente a verdade.

Tentarei te escrever até segunda-feira, mas voltaremos para Paris nessa noite. Você terá encontrado uma carta ao chegar a Narbonne. Escreva depressa. Te suplico. Até logo, amor querido. Minhas carícias mais loucas por todo lado, por todo lado.

Sua Simone

Sábado à noite

Minha Lotte querida,

Passei pelo escritório às 5 horas e tive a alegria de encontrar a sua carta da quinta-feira. Você deve ter encontrado em Narbonne uma correspondência volumosa que te terá feito esquecer a sua decepção daquele dia. Espero impaciente as suas últimas cartas, meu amor, pois elas me dirão que você volta para mim e que vou enfim poder te provar minha ternura, que é imensa.

Ah, não, querido, não há necessidade de uma terceira pessoa entre nós. Não realizamos a alucinante presença de dois amantes suplementares?* Somos tão felizes, nós dois, meu tesouro, por que querer dividir nossa felicidade? Você me pede para te dizer como te amo. Então não sabe, meu adorado? Posso te dizer mais ainda? Não sabe, Lottezinha tão querida, que me faz loucamente feliz? Não sabe que encontrei em você a amante adorável que eu procurava? Não peço nada mais agora do que a possibilidade de te ter sempre para mim. Amar outra? Ah, claro que não, querida, eu não conseguiria. Você está muito profundamente em mim, não só na minha carne, mas também no meu coração, para que me venha a ideia de procurar algo mais além do que me vem de você. Então não sabe, desde que te digo, que sinto por você uma paixão absoluta e profunda e que só vivo para conservar o seu amor que satisfaz todos os meus desejos mais caros? Se me ama nesse mesmo grau, não duvido de que possamos prolongar nosso idílio... Mas o seu amor é tão grande?

Não sou a única na sua vida, não se esqueça disso, minha querida. Frequentemente você tem de dividir as suas carícias e os seus beijos, e isso, sabe, é enorme, pois jamais serei para você

---

* Simone evoca aqui os dois "auxiliares".

o único amor dos seus sentidos e do seu coração. Se me amasse no nível em que te amo, não poderia aceitar a carícia de outros lábios nem o contato de outra carne. Não é possível e, no entanto, você me confessou um dia, sente prazer nos braços que não são os meus. Um prazer menor talvez mas, afinal, mesmo assim você goza com carícias que não são as minhas. Isso, sabe, não consigo imaginar, apesar de toda a minha vontade, e sofro mais com isso do que você pensa. Se não te amasse tão loucamente, minha Lotte, o que poderia me causar a presença da sua mulher? Eu te conheci quando você não estava livre. Aceitei, mesmo assim, ser sua amante. Nesse momento, não pensava nela, confesso. Mas há quinze meses, desde que você se tornou o único pensamento do meu espírito, desde que conheci mais profundamente os tesouros da sua carne, não consigo aceitar essa divisão. Sempre a sinto, ela, entre nós; jamais conseguirei suplantá-la em você. Ela é a última ligação que te retém longe de mim, e essa ligação é invencível.

É a esse ponto que te amo, Charles, ao ponto de sofrer terrivelmente com essa situação que sou obrigada a aceitar. Para te manter comigo, é preciso suportar a outra e sofrer, ou então não sofrer e desistir de você. Pois bem, prefiro meu sofrimento e te manter comigo. Você faria o mesmo? Se me ama de verdade como diz, a ponto de não querer que outro possa desfrutar de meu corpo, deve entender o que digo e ter pena de mim.

Minha Lotte querida, você sabe muito bem, agora, que te amo? Sabe muito bem que só tenho um desejo, te manter para sempre assim? Sim, quero que me dê a perturbadora ilusão de que você é verdadeiramente uma mulher. Já no escuro do quarto, quando toco os seus seios tão pequenos e o seu peito tão puro posso acreditar que você é do mesmo sexo que eu. Até os seus quadris e o seu ventre são os de uma adorável mulher, e a sua pele é tão suave que me faz sonhar. E quando a sua língua chupa a minha boceta com um ardor sem igual, esqueço tudo para me dar a você completamente. Sim, você é mesmo a amante com quem eu sonhava e é uma aluna muito dócil. Mas se quer tentar a experiência, tentaremos. Você fará desaparecer entre as suas coxas o seu pau e as bolas. Só restará sobre seu ventre seu tufo escuro e crespo que terminará de te transformar em mulher e minha boca ali tocará com amor como tocaria no sexo de minha amante.

Ah, Lottezinha adorada, como tenho pressa em provar de novo suas carícias ardentes e apaixonadas! Quero reencontrar nos meus braços seu belo corpo voluptuoso, apertá-lo contra mim para aquecer meu coração com o calor de sua pele de cetim. Tenho pressa em me sentir desmaiar de felicidade sob a carícia da sua língua no mais profundo de meu sexo. Não vivo mais senão na espera do seu retorno, agora muito breve. E sonho também, meu amante querido, com o seu belo pau que você vai enfiar sabiamente na minha boceta, no meu cu, na minha boca, entre meus seios. Sim, vai querer? Tremo toda ao pensar nos êxtases sem nome que vou conhecer nos seus braços. Nosso quartinho será a testemunha de loucas orgias, meu tesouro, pois para esse encontro, depois de uma ausência tão longa, faremos loucuras. Vamos nos vingar da cruel espera imposta aos nossos desejos mútuos e do bom comportamento obrigatório que conhecemos.

Sim, somos muito safados, meu amor, mas também, que gozos conhecemos! Todas as carícias depravadas, nós as experimentamos e ficamos com as melhores. Não ignoramos mais nada, creio, dos segredos do amor, pois há quinze meses subimos os degraus da escada do vício com uma calma assustadora. Acho que já nada nos resta a aprender, meu tesouro. Daqui a um ano, que faremos a mais? Ignoro, mas sem dúvida, nada, a não ser que daqui até lá você tenha me convencido e tenhamos descoberto a amiga deliciosa que aceitará assistir às nossas relações e nos prestará sua ajuda. Mas por que eu não encontraria outro amante tão apaixonado quanto você, que poderia te dar a ilusão que te falta?

Um belo rapaz bem-dotado, que comesse seu cu, ou cujo pau eu pudesse chupar. Isso não te agradaria, Lotte? Voltaremos a falar disso, você quer? Eu preferiria isso a uma mulher, pois poderia ao mesmo tempo dar o cu para você. Dessa forma, o seu gozo seria duplo, não quer?

Enquanto isso, ainda não chegamos a esse ponto, espero, pois então seria o fim do nosso amor. Se um de nós estivesse precisando de outro amante, é porque nossa paixão estaria morta, pois atualmente somos muito felizes juntos, pelo menos eu acho.

Então, terça-feira poderemos com certeza nos amar loucamente e já estou toda trêmula de desejo. Ah, como será gostoso nos revermos, minha Lotte, depois de uma ausência tão longa, e com os sentidos exacerbados por esse jejum. Viveremos sem dúvida uma hora maravilhosa como a última, que nos deixou lembranças tão profundas. Estou louca para sentir o seu pau na minha boceta e a sua língua no meu botão, também estou louca para chupar de perder fôlego o buraco da sua bunda e, sobretudo, enfiar loucamente a minha pica no seu cu. Venha depressa, meu amor adorado, me dar toda a sua carne, quero que o seu pau fique duro e que a sua bundinha estremeça. Vou chupar seu buraquinho com ardor, minha Lotte, e lamber o seu pau ao mesmo tempo e logo a porra jorrará a rodo, inundando os meus lábios e o meu peito.

Você, venha beijar a minha boceta, chupar o meu botão e venha também enfiar no meu cu, safadinho querido. Meta em mim e bata em mim. Soltarei tudo em cima do seu pau. Vou te deixar, meu amor, dizendo até terça. Ligarei para o seu escritório pelas onze e meia e espero que algumas horas depois possamos enfim nos encontrar no nosso quartinho e nos amar apaixonadamente por uma hora.

Adeus, Lottezinha querida, que eu adoro acima de tudo. Nunca mais fale em me impor outra mulher, não quero. Quero a doçura da sua boca na minha boceta e o seu belo pau na minha bunda. E você, quer outro amante com uma pica magnífica? Não se contenta mais com o seu amante atual que te adora?

Até terça, meu amor adorado. Que as suas bolas estejam cheias, e o seu pau duro, para enfiar em mim e me comer por trás sem parar. Te adoro.

Simone

Sexta-feira, 3h

Amor querido,

Os dias se seguem mas infelizmente não se parecem. Ontem, à mesma hora, estávamos juntos no nosso pequeno ninho tão calmo e nos amávamos apaixonadamente. Todas as loucuras que tínhamos feito deixaram em minha carne a voluptuosa dor dos dias seguintes ao amor e meu cansaço me é bastante querido, pois prolonga em mim a lembrança desses beijos ardentes.

Hoje apenas pude te olhar passar, mas esse segundo fugaz bastou para encher meu dia. E continuo pensando em você, em nós, com o mesmo ardor, a mesma ternura.

Sabe, meu caro querido, tudo o que você me deu ontem? Sabe que mais que nunca satisfez meus desejos mais loucos e que saí de seus braços destruída, esvaziada, com a cabeça e o corpo dolorosos de tanto as metidas me esgotaram? Como quer, meu amado querido, que eu te esqueça com loucuras como essas? Como quer que me desprenda dos seus braços para buscar em outro lugar ilusórias carícias que jamais se igualarão às suas? Enquanto você me amar, meu caro querido, te amarei e não terei felicidade maior do que continuar sendo a sua amante fiel e apaixonada, acredite. Só depende de você me manter para sempre. Quer me amar, querido, como te amo? Quer que continuemos o sonho delicioso que vivemos há quase dezesseis meses? Cada dia nos liga mais, meu amor querido, e nosso desejo é tão violento como no primeiro mês de nossa ligação. Encontrei em você a mais deliciosa das amantes e o mais amoroso dos amantes. Você representa esses papéis com um domínio incomparável, e que seja homem ou mulher, encontro nos seus braços sensações divinas que me fazem me ligar a você mais violentamente a cada relação.

Ontem você me deu a ilusão de ser uma mulherzinha adorável, sabe? Sim, você não pode ignorar isso, foi realmente a minha Lottezinha. Murmurei esse nome apaixonadamente nos minutos ardorosos em que me fazia gozar, e ali estava a melhor prova de que você atingiu o máximo da verossimilhança, já que consigo esquecer o seu sexo primitivo para me imaginar nos braços de uma amante apaixonada.

Você era minha mulherzinha. Sim, revejo a cena nos menores detalhes. Primeiro, chupou minha boceta com um ardor espantoso. Com a cabeça entre minhas coxas, apertou nos seus lábios o meu botão trêmulo e chupei o seu saco, minha mão afagando a sua bunda firme e os seus quadris ágeis, e gozei loucamente com essa carícia enlouquecedora.

Logo me agarrou nos braços e enfiou na minha boceta um membro maravilhoso. Debruçado sobre mim, me ofereceu a visão alucinante dos seus pequenos seios adoráveis que dardejavam para meus lábios seus bicos cor-de-rosa. Minha mão os agarrou com amor, eles a encheram inteiramente e meus dedos afagaram aqueles brinquedos deliciosos que eu adoro. Eu ignorava esses peitinhos mas ontem aprendi a conhecê-los e minha ilusão foi completa. Então, não era mais o Charles que me fodia apaixonadamente, mas a Lotte, minha divina Lottezinha que, para me agradar, enfeitara seu ventre virgem com uma cinta de onde saía um pau impressionante, que ela fincava descaradamente na minha boceta. Já não sei, meu amor querido, quantas vezes você me fez gozar. Você ultrapassou minhas esperanças e se superou. Com uma ciência espantosa que eu não desconfiava, soube me impor por longos minutos a presença do seu pau no meu sexo, e eu, que outrora ficava indiferente a essa trepada banal, eu, que desde o primeiro dia do nosso romance tinha me proibido isso, agora não posso mais dispensá-lo.

Você soube me fazer gozar loucamente, meu bem-amado,

e agora sonho com essa união completa de nossos seres que me torna intensamente feliz.

Sabe, querido, breve precisaremos desse brinquedo maravilhoso com que sonhamos. Já que minha proposta não te agrada, já que não quer que eu procure para você um amante bem-dotado, quero que crie por meu intermédio a ilusão que te falta. Cheguei, vai fazer um ano, a enfiar no seu cu em cada um de nossos encontros, mas sei como é pouco real a ilusão que te dou. E sinto muito, pois queria ser realmente para você o amante maravilhoso, incansável, cuja lembrança obcecasse o seu espírito dia e noite.

Já pensou, meu amor querido, no que seria minha relação com você se eu tivesse em torno da barriga um membro impressionante e entre as pernas fantásticas bolas? Para mim seria fácil mudar de sexo e então eu poderia me deitar na cama e te oferecer meu pau duro que a sua boca agarraria com avidez enquanto você acariciaria minhas belas bolas.

Quando você estiver bem excitado com essas práticas, com amor, montarei em cima do seu corpo e, te abraçando com meus braços robustos, enfiarei no seu cu com meu caralho gordo que entrará em você até o saco. E você certamente não ignora que esses aparelhos permitem dar a ilusão ainda mais louca do gozo se soltando. Um pouco de água morna basta plenamente para substituir esse líquido divino que eu gostaria de ver escorrer a rodo entre as suas nádegas.

Já penso nas poses alucinantes que faríamos. E então tenho certeza de que você seria meu para sempre, pois eu não temeria mais ninguém. Você ficaria prostrado com o meu ímpeto que, mais que nunca, se manifestaria em gestos audaciosos. Te adoro, você sabe, e quero te dar o máximo de gozo, a fim de que jamais te venha a ideia de me abandonar. Quem poderia melhor que eu possuir a sua carne ardente, me diga, minha Lotte? Se quiser, me dará o meio de possuí-la ainda melhor, e então verá que amante maravilhoso me tornarei para você.

Te deixo pensar nessa ideia e um dia próximo, certamente, você mesmo amarrará no meu ventre um pau monstruoso que, inteirinho, como ontem o seu, desaparecerá na carne da sua bunda que eu adoro.

Sei que você ama que eu te coma, a um ponto que você mesmo ignora, pois ninguém melhor que eu pode sentir as contrações da sua carne em torno de minha língua. E sei que com esse pênis artificial você conhecerá a enlouquecedora sensação que proporciona um belo pau de macho que esporra voluptuosamente no seu cu.

E eu poderia assim satisfazer minha paixão metendo em mim mesma com ardor sem temer te cansar com trepadas sucessivas.

Não quero outra amante e você não quer outro amante. Nós nos amamos o suficiente, meu querido, para realizarmos por nossos próprios meios as loucuras que esses personagens poderiam fazer, não acha?

Sim, viveremos juntos, talvez neste inverno, cenas de orgia. Nosso vício nos agarra por inteiro, eu sinto. Não conseguiríamos escapar. Mas esse vício não é a única razão da nossa união duradoura? Sem ele, estaríamos cansados dos gestos costumeiros, graças a ele estamos ligados um ao outro e nada seria capaz de nos separar, senão a lassidão mútua. Mas mais que nunca gozamos juntos e ainda ontem entendi que tudo permanece tão ardente quanto no início do nosso romance.

Mas quero que me pertença ainda mais, meu amor querido. Quero te possuir sem descanso e a isso me dedicarei com toda a força de minha ternura, que é imensa.

Sim, a partir de segunda-feira poderemos nos rever toda noite e você vê que estou bem feliz com isso, pois eu não conseguiria continuar mais tempo separada de você, minha ternura querida. Te agradeço do fundo do coração por ter pensado em me acompanhar toda noite, pois eu andava triste com a ideia de que poderíamos passar juntos apenas alguns instantes, infelizmente muito curtos.

Aí está, meu amado, uma carta bem longa. Terei uma resposta na segunda à noite? Ligarei na segunda de manhã chegando ao escritório. Te adoro e te beijo apaixonadamente, minha deliciosa Lottezinha.

Simone

Quarta-feira, 5h

Meu querido adorado,

Você deve ter chegado a Nice enquanto te escrevo, depois de uma boa viagem, é o que desejo.

E eu, eu estou sozinha, desesperadamente só, sob um céu de chuva que gela meu pobre coração! Já estava muito triste e hoje de manhã cumpri uma dolorosa missão. Acompanhei uma amiga (a "mulher do turbante", você sabe) ao cemitério. O amante com quem ela estava há anos morreu. Ela teve de esperar que a "outra" (pois infelizmente também havia uma "outra") tivesse abandonado o túmulo para ir lhe dar um último adeus! Missão fúnebre a de amparar essa pobre amiga. E que situação dolorosa a nossa, amantes que vivemos à margem da vida de vocês, os seres que adoramos! Não estou alegre, você está vendo, meu amado querido! Mas não poderia estar sentindo tanta dor, tanta dor dentro de mim!

Meu pequenininho, meu querido que eu amo, por que você me deixou, ainda que seja por oito dias! Então não conhece o vazio que sua ausência deixa! E sabe, pois eu digo sem parar, que te amo! Assim, ontem, estávamos juntos! Uma vez mais a porta fechou e nos demos um ao outro com o mesmo desejo, jamais acalmado. Ontem eu segurava o seu corpo adorável nos braços! Lembra-se, meu querido tesouro? Você lendo a minha carta avidamente, o seu pau já levantado num desejo ardente. Minha boca amorosamente o chupava, minha língua corria, hábil e viva, do seu saco até a cabeça rosa. Por todo o seu membro os meus beijos se espalhavam. E você ia ficando de pau terrivelmente duro. Depois, no buraco do seu cu adorado, tive a audácia de meter o bico rosa do meu peitinho! Eu masturbava o seu cu com esse botãozinho. Até acho que ele entrava um pouco na sua carne escura! Minha língua também bolinava a sua carne toda excitada e você já gozava!

Revivi em sonho nossas trepadas divinas e no meu sonho revia seu pau prisioneiro dos meus peitos! Eu te fazia um colar de carne morna e você se masturbava, assim, entre os meus seios juntos, um fluxo de esperma me inundava e eu o espalhava por todo o meu colo, diante dos seus olhos radiantes!

Me dê correndo as suas impressões, meu querido amado, sobre essa nova maneira de gozar! Você a provou plenamente? Era suficientemente "sem-vergonha", me diga, ver aquela cabeça rosa emergir daquelas bolas opulentas? E quando jorrou o gozo, que clarão de orgia no seu olhar afogado! Qual é a trepada que você prefere, me diga? Agora você conhece muitas! Gozou no fundo da minha garganta, esporrou na minha bunda grande, se masturbou diante dos meus olhos e inundou meu corpo com a sua porra. Por fim, ontem inaugurou esse método novo, que — acho eu — não te desagradou! Qual escolheria da próxima vez? Diga correndo, meu querido tesouro!

Mais uma semana terrível para viver longe de você, longe dos seus braços! Como fico triste com o pensamento de ir embora sozinha, assim, toda noite, sem sua presença ao meu lado! Me habituei de tal forma aos nossos encontros diários que não sei organizar minha vida quando não te vejo! Esta noite vou me apressar na volta para casa, pois tenho de lutar contra uma tremenda fossa. Vou me isolar num canto da casa e reler suas duas últimas cartas, esperando as outras!

Meu amor querido, não me abandone, não me deixe. Se soubesse a que ponto sou sua, compreenderia meu isolamento! Você é tudo para mim. Fora de você não tenho nada para amar dessa maneira. Jure que continua me amando tanto, diga, meu tesouro querido!

Ontem à noite, apesar da minha tristeza ao te ver partir,

eu estava feliz que você tivesse me permitido estar lá. Não tive o seu último beijo, o seu último olhar, o seu último aceno? Ah! Como te amo, como te amo. Não é possível que algum dia um amor desses termine, e você estará em mim eternamente, pois é *meu primeiro, meu verdadeiro amor*! Antes de você nada conta. Depois de você? Ah! Depois é melhor não pensar ainda, pois seria um tamanho abismo se você dissesse palavras definitivas, um dia, que eu estremeço toda. Sim, isso teria de vir de você. Você sofreria tão pouco que eu não teria remorso. Será que um homem sofre? Não, e além disso, alguém não estaria lá, para receber o pássaro ferido?

Ao passo que para mim, veja você, seria horrível! Ah, meu amado, volte depressa para me possuir numa relação maravilhosa. Volte depressa para ter sem descanso meu corpo que verga sob suas carícias! Está vendo, eu te espero. Estou nua na cama, as coxas abertas como ontem. Venha trepar comigo, meu amor querido, venha depressa! Ah! Sim, assim está bom. Sinto seu pau grosso no fundo da minha boceta. Me faça gozar, me faça gozar. Solto toda a minha porra em cima do seu pau, safado querido. Está gostoso, hein, está gostoso?

Ah! Não, nada iguala em intensidade essa posse. E dizer que durante dezesseis meses pude desprezá-la! Mas você me fará recuperar o tempo perdido, não é, amado querido, e de agora em diante é assim que me amará!

Espero também, em breve, uma carta muito longa sua! Deixe seu coração falar, meu amor, já que me ama! Você sabe que encanto têm para mim as suas frases, tão meigas, tão doces, e como fico feliz quando leio as suas cartas. Me diga o que sou para você e que prazer sente em possuir meu corpo devasso! Quais são as carícias que sei te dar melhor, meu amado querido?

Escreverei sem falta amanhã e talvez consiga responder no sábado à sua carta! Diga quando volta, meu amado, e se for adorável até o fim me indique a hora da sua chegada para que eu vá te buscar!

Você me deu a tristeza da partida, não quer me dar a alegria do retorno, hein? Adeus, meu querido amor, paro por aqui, até amanhã! Você dará uma olhadinha na minha bunda grande esta noite, antes de dormir? Volte o quanto antes, pois estou louca para te reencontrar, meu amado. E além disso, escreva uma ou duas cartas, estou tão sozinha!

Beijo apaixonadamente todo o seu corpo maravilhoso! Comporte-se, seja fiel a mim, por ao menos oito dias!!!

Te adoro, meu caro querido.

Simone

Segunda-feira, 4h30

Meu amor querido,

Mais duas horas e vou enfim te encontrar. Tenho uma pressa louca de beijar apaixonadamente seus lábios queridos e o tempo longe de você se estica.

Desde essa manhã, meu bem-amado, estou espantosamente perturbada, pois quando acordei fui tomada de novo pelo sonho que tive esta noite, e desde então não consigo afastar essa ideia.

Escute...

Estávamos num apartamento imenso, você, eu e outro rapaz. Bebíamos champanhe a rodo, os três nus. Você me acariciava amorosamente, com o seu pau duro num desejo violento, enquanto nosso companheiro chupava o seu cu, a perder o fôlego. De repente, te vejo deitado em cima de almofadas; ele chupava o seu pau enquanto eu o masturbava vigorosamente. Você, com a cabeça entre as minhas coxas, engolia toda a minha porra.

Em seguida, foi você que lhe retribuiu a carícia. A pica dele, maravilhosa, desaparecia entre os seus lábios e eu masturbava o seu pau tão vigorosamente como havia feito para ele, enquanto minha outra mão masturbava minha boceta.

Depois, ele e eu fizemos uma aposta, a de te fazer gozar. Qual de nós dois saberia melhor fazê-lo? Então vi no meu sonho essa coisa louca. Nosso jovem companheiro enfiava em você a pica dura. Eu te via dando o cu para ele. Ficava louca de ciúme, mas você não gozava com essa carícia brutal, e foi então que vi debaixo da mesa uma cinta com um pênis enorme. Agarrei-o e, sem demora, eu, por minha vez, enfiei no seu cu. Com minha barriga estreitamente grudada na sua bunda, enfiei esse membro fantástico no seu buraco enquanto minha mão masturbava o seu pau. Você vibrava estranhamente e não me pedia para parar.

Duas vezes, três vezes te possuí assim e logo você caiu, prostrado, em cima do sofá.

Acordei de manhã completamente perturbada com esse sonho alucinado e desde então não paro de pensar nele. Gostaria de realizá-lo, quando poderia ser? Falaremos esta noite, você quer?

Te adoro, meu bem-amado, até breve, mas quero o seu cu só para mim, e não quero dá-lo a outros... a não ser que você tenha muita vontade!

Simone

Quinta-feira, 14 de novembro de 1929*

Meu grande amor,

Em primeiro lugar, você precisa perdoar e rasgar a carta desta manhã. Não quero deixar vestígios desse ciúme absurdo que, involuntariamente, estoura de repente. Não quero mais te atormentar, meu caro querido, e se infelizmente ainda sofro, você não mais ouvirá as queixas do meu coração e poderá acreditar que finalmente estou curada desse mal que me corrói sorrateiramente. Sim, tenho confiança em você, tenho confiança no seu amor e só peço uma coisa; que guarde para mim as carícias mais meigas, as relações mais loucas, e que nos meus braços seja o amante devasso e apaixonado que criei para mim, só para mim.

Te adoro, meu amor querido, você é toda a minha vida e meu corpo jamais conhecerá outras carícias além das suas. Enquanto me amar, serei sua. Juro.

Será amanhã que poderemos enfim nos unir, nos fundir um no outro numa dessas trepadas que nos dilaceram enquanto nos enchem de satisfação? Sinto em mim esse imperioso desejo da sua carne e quero te amar mais loucamente que nunca. Esses longos dias de ausência levaram meus sentidos ao paroxismo e

---

* Esta é, fugindo do costume, uma carta datada, de 14 de novembro de 1929; a razão dessa rara datação decorre do fato de que se trata de um aniversário: Simone celebra um ano e meio de romance com Charles, a quem sabemos, na verdade, por outra carta, que ela encontrou no dia 14 de junho de 1928. Esta é uma indicação da suma importância que ela dá à observação do tempo, que passa e consagra essa relação que ela sabe ser frágil.

Estamos três semanas depois do crach de 1929, que vai precipitar a Europa no caos e a humanidade na Segunda Guerra Mundial; mas Simone não se preocupa com os acontecimentos exteriores. O seu único campo de interesse é a relação com Charles, e, aliás, sua correspondência só nos informa detalhes mínimos da sua vida, pois se confina a essa paixão devoradora.

sinto que amanhã vou desabar sobre seu corpo, sucumbindo ao ardor de meu desejo. Você me dará, querido, esse belo corpo que adoro. Faz duas semanas que não o contemplo e estou louca para cobri-lo de beijos alucinantes.

Ainda não sei como terminará essa hora sensacional: como você vai querer soltar a sua porra, meu amor? Será que fornece-rei ao seu pau um asilo morno entre meus seios juntinhos? Vai querer que eu engula a sua porra? Ou vai enfiar no cu da sua putinha querida? Ou vai masturbar, diante dela, a sua bela pica e sujará o corpo dela desmaiado com o esperma quente e pegajo-so? Não conseguimos prever essa última carícia e não podemos decidir nada de antemão, pois tudo dependerá de nossa força de resistência amanhã, depois de uma hora de trepadas loucas. Estaremos exaustos, mas ainda terei força suficiente para te fazer gozar loucamente. Você me dirá como quer que eu te pegue, com meus seios, minha boca ou minha bunda, e me darei a você sem reserva.

Você terá de me amar muito, meu Charles, para provar que o seu desejo é tão vivo quanto no passado e que nos meus braços você é loucamente feliz.

Espero impaciente nosso encontro para te fazer gozar irre-sistivelmente. Nunca fui tão puta quanto neste momento e meu desejo de você é mais louco que nunca. Você poderá se dar conta disso amanhã.

Ao escrever esta carta, sozinha no pequeno lugar onde um dia nos amamos tão loucamente, você se lembra, acaricio com um dedo atrevido o botão da minha boceta e sinto-o inchado e prestes a gozar. Um êxtase infinito se apodera de todo o meu corpo e eu terminaria o gesto se não quisesse te levar amanhã todo esse gozo que incha o meu botão. Você o fará jorrar sob a sua língua hábil e o seu pau irá procurar bem no fundo a últi-ma gota, não é, meu caro amor querido? Você foderá comigo loucamente, e minhas coxas se abrem sozinhas só de pensar na sensação maravilhosa que sinto com o seu pau. Ah, te amo, você é um amante único, e quero ter você para sempre, para sempre.

Até de noite, amor que eu amo, mas, sobretudo, até amanhã. Te adoro, amante querido. Trepe bem comigo.

Simone

Quinta-feira, 10h

Meu bem-amado,

Foi com uma emoção bem compreensível que reli a sua carta, percorrida muito às pressas ontem à noite em sua presença. E decifrar de novo aquelas frases perversas e apaixonadas me trouxe tanta febre e desejo que não consegui fechar o olho até uma hora avançada. Infelizmente, não me foi possível acalmar os sentidos no cio, pois a atual instalação me proíbe qualquer liberdade. Aliás, fico feliz, pois assim, amanhã, te levarei todas as reservas de vigor que tenho em mim e são seus beijos loucos que me farão morrer de volúpia.

Quer dizer então, amado querido, que você aceita de antemão a prova suprema que sonho em te impor. Sim, confesso, esse quadro tenta a apaixonada que sou e sentirei, sem dúvida, um raro prazer em te ver sucumbir às investidas de um macho audacioso perfurando com seu cacete monstruoso o buraco escuro da sua bunda adorada. Mas para isso, veja, terá de ser uma noite de loucura, uma noite em que estivermos, um e outro, inebriados, excitados... Pois ainda não sei muito bem se, a sangue-frio, terei a coragem de te entregar a alguém. Prometi te fazer provar essa sensação perversa, mas não me decido. Uma noite em que você estiver livre, inteiramente livre, procuraremos juntos o belo amante digno de possuir a sua carne provocante, e diante de mim você oferecerá a sua bunda ao pau endurecido que ele te mostrará. Vejo com uma exatidão espantosa toda a cena: o homem está ali, inteiramente nu. A sua boca ávida chupa o pau dele, mole, que logo, com o ardor do seu beijo, levanta a cabeça altiva, e quando está no ponto você é que toma o lugar dele. Em cima do sofá largo, o seu corpo fantástico descansa. Com a cabeça entre os seus braços, as coxas altas, você oferece para esse macho enérgico o buraquinho escuro do seu cu. Ele monta no seu corpo e com um empurrão brutal, te agarrando pelos ombros para melhor segurar a presa, enfia na sua carne vencida o membro triunfante. Ele enfia no seu cu, meu Charles, esse belo amante com quem você sonha, e você pode sentir as bolas dele baterem, cheias, nas suas coxas. Com essa trepada enlouquecedora, o seu corpo se retesa e estremece. Eu realizo enfim o seu desejo mais louco e recebo nos braços um amante exausto e vencido, ainda gemendo sob o gozo extremo que o arrebata.

Você deve entender, Charles querido, a que ponto te adoro para te dar essa prova de amor. Deve entender como meu desejo de te agradar é imenso para aceitar essa coisa insensata: te dar um amante. E me pergunto com angústia se você não tomará gosto por essa trepada e se não quererá renová-la em seguida. Mas não, não é, caro querido? E você voltará para mim com a mesma ternura que me demonstra há dezoito meses. Tenho confiança no seu amor e acredito em todas as coisas carinhosas que me diz na carta.

Se ama acima de tudo a amante depravada que sou, não temo te decepcionar, pois meu desejo por você é mais violento que nunca. Sonho noite e dia com esse corpo magnífico que é o seu e vejo seus contornos mais secretos. Os pequenos seios adoráveis, de bicos cor-de-rosa, o ventre branco e chato, o tufo escuro que esconde invejoso a flor rosa do seu pau, enfim e sobretudo o buraco misterioso da sua bunda que eu adoro acima de tudo. Você não sabe, querido, toda a felicidade que sinto em possuir essa carne quente que se entrega aos poucos ao avanço voluntarioso de minha língua, e meu prazer é infinito quando enfio minha pica entre as suas nádegas retesadas.

Sim, me dê logo esse brinquedo maravilhoso. Arme meu ventre com esse pau terrível e verá então que, nos meus braços, já conhecerá sensações deliciosas. Quem sabe até se não conseguirei igualar o amante eventual que te destino. Em todo caso, sei que esperará essa prova com mais paciência, pois saberei te ligar a mim irresistivelmente com essa posse completa da sua carne, que é o sonho mais louco do meu cérebro perturbado. Sim, amor querido, há um ano sou para você esse amante incansável que o seu vício exigia e quero continuar sendo para sempre, se você também quiser. Quando tiver me dado essa impressionante cinta peniana, não terei mais medo de nada e você se entregará a mim completamente, loucamente. Não, não tentarei exercer minha força em outra amante. Não encontrei em você a mais deliciosa, a mais fervorosa amante? Você não me dá todas as alegrias que peço, e não é o brinquedo mais dócil do meu capricho?

Não esqueci a impressão profunda da semana passada. Com os seus pequenos seios rosados estremecendo dentro da minha mão, e o seu pau dentro da minha boceta, você é a mais bela amante que posso desejar, e só quero você. Você é a minha mulherzinha amada, a minha Lotte que eu amo, e nos seus braços conheço horas tão belas que sempre pensarei nelas. Você se tornou muito hábil na arte de chupar a minha boceta, e não duvido de que consiga fazer ainda melhor. Já pensou que com esse pênis postiço poderá meter em mim sem parar? A ilusão será completa para mim, já que você dissimulará o seu verdadeiro sexo, que só te servirá no minuto final em que, tremendamente excitado pelas carícias loucas que me dará, já não conseguirá prender o seu desejo. Então possuirá o meu cu que tanto te agrada e voltará a ser esse amante maravilhoso que eu adoro.

Amanhã, meu querido amor, nos encontraremos mais uma vez no nosso quarto grande. E sei que seremos mais safados do que nunca, pois evocaremos essas cenas de orgia futura. Serei para você esse amante desconhecido. Possuirei loucamente a sua carne vencida enquanto você será minha Lottezinha, minha mulherzinha ardente e depravada.

Amanhã, quero conhecer a sensação de que me fala. Você me comerá por trás e passará a sua língua em volta de todo o meu cu. E eu, de novo, lamberei ao mesmo tempo o seu pau e o seu cu. Sua carne terá de ceder para receber minha pica. E você chupará o meu sexo sem parar, e meterá em mim enquanto, diante dos seus olhos, refarei o gesto que faço na minha solidão. Enquanto isso o seu pau estará na minha boceta, e você poderá ver o meu dedo masturbar o botão e ficará duplamente excitado com essa cena.

Ah! Querido, o que mais vamos inventar para gozar mais loucamente? Nosso vício nos afunda pouco a pouco, como essas areias movediças de que nunca se sai. Atingiremos juntos o fundo desse abismo insuspeito onde nossas razões vacilam, onde nossas vontades soçobram, e seremos, um dia, unidos por volúpias ainda mais raras? É o que desejo, meu amor, pois esse vício nos liga irresistivelmente. Nossos corpos abraçados rolam a ladeira sem que nos seja possível agarrar em algum galho. Esse galho frágil é o pudor. Há muito tempo o quebramos e espalhamos seus gravetos ao redor, a cada nova queda. Quer escorregar comigo por esse abismo sem fundo? Você me ama o suficiente para tentar a viagem? Não teme meu vício? Não teme que nossa loucura se torne a Sua loucura? Poderá um dia apagar de sua carne os estigmas do meu amor? Não, agora você está marcado com o meu sinete. Você me pertence e eu cuido de você. Te arrastarei para paraísos fantásticos onde os seus sentidos conhecerão êxtases estranhos. Sou mais perversa que nunca e sinto em mim desejos impossíveis. Quero te ligar à minha carne por beijos de fogo que consumirão seus ardores, sua vontade, que esvaziarão a última gota de seu sangue. Só te abandonarei quando você for um fantoche sem cordéis, sem cérebro. Mas então eu mesma não serei mais que uma boneca vazia e oca, pois teremos dispendido, um e outro, toda a nossa juventude em satisfazer nossos vícios e nossas paixões. Te amo, te amo. Ah! É a única frase que posso te dizer, pois ela traz em si todo o ardor, todo o ímpeto de meus jovens sentidos, e também sei que você me ama.

Amanhã veremos o ardor desse amor mútuo. Mediremos a extensão de nossa loucura, pois somos loucos, Charles adorado, loucos um pelo outro. Não consigo mais pensar em você sem estremecer toda de um desejo imperioso e tenho pressa de me dar a você, com todas as minhas forças.

Ah! Me entregue o seu cu que eu adoro, me entregue todos os tesouros de sua carne voluptuosa e me pegue, me pegue inteira nas trepadas demoníacas que me esvaziarão até a medula.

É com furor que nos amaremos amanhã, esperando algo melhor ainda.

Responda com uma longa carta para que amanhã eu esporre loucamente na sua boca e em cima do seu pau.

Te adoro, você sabe?

Simone

Domingo à noite

Esta carta, adorado querido, não se diferenciará das outras, de todas as outras, e, no entanto, sei que você a espera com a mesma impaciência que esperava a minha primeira palavra. Logo serão dezoito meses. Fiel à minha promessa, vou enviá-la já amanhã, para que sua expectativa não se frustre.

Esta noite, meu amor querido, estou toda cheia de ternura e só tenho uma tristeza. A de não poder te dizer, com a cabeça no seu colo, todas as palavras que me vêm do coração aos lábios. Gostaria que estivesse aqui esta noite, como seria gostoso! Nós nos encontraríamos nesse ambiente encantador e essa grande cama onde nasceu nosso amor seria vasta demais para nós dois. Pois seria bem apertada contra o seu coração que eu te diria essas frases que esta noite só o papel vai recolher. E é sempre o mesmo canto de amor que chegará até você, que te envolverá com sua doce harmonia, que inebriará os seus sentidos, que ninará o seu coração. As palavras, sempre as mesmas, te levarão o melhor do meu coração.

Te amo, meu amado querido, a ponto de perder a razão. Todo o meu ser não vive mais senão das suas ardentes carícias. O desejo do seu corpo me atormenta sem parar e, na solidão terrível de minhas noites, em vão estendo os braços para você, mas só abraço o vazio, sempre o vazio. Longe de você, me desespero e me aflijo e só a sua presença acalma a angústia do meu coração. Estou ligada à sua carne por todo o sexo que você me fez conhecer, e para me arrancar dele nada será suficientemente forte.

Você é belo, meu amante, e sou apaixonada por sua beleza. Amo seu corpo vigoroso e flexível, seus braços que me enlaçam e me apertam, suas coxas poderosas que pesam sobre meu quadril. Amo seus lábios voluptuosos cujos beijos queimam minha carne, e amo acima de tudo no mundo esse olhar maravilhoso. Ah, esses olhos magníficos, como souberam perturbar meu coração desde que me fitaram pela primeira vez! Que chama então queimava neles quando se pousavam nos meus nos nossos primeiros encontros! Eu já amava os seus olhos, antes de te conhecer. Mas agora os adoro, pois neles vejo passar o desejo e o amor e sob minhas carícias ardentes o belo olhar se turva antes de se apagar com o gozo. Sim, você é belo, Charles, e tenho orgulho de você. E te amo cada dia mais. Daqui a poucos dias vou reencontrar seu corpo maravilhoso. Com uma felicidade infinita, o cobrirei de beijos antes de envolvê-lo num abraço furioso, pois não sei se conseguirei resistir mais tempo à vontade que tenho de te foder implacavelmente, minha Lottezinha querida. Já se vão semanas sem você me dar seu cu para que eu enfie minha pica triunfante, e desejo renovar essa trepada audaciosa de que outrora você era tão guloso. E sei que ela também obceca o seu espírito, pois tenho diante dos olhos o sugestivo desenho de Arles. Não sou eu, diz você, mas que me importa, pois não estou longe, a poucos passos de você. Estou deitada de costas, as coxas afastadas, e uma mocinha, quase uma criança, chupa minha boceta. E você olha, enquanto o seu "amante" enfia no buraco do seu cu um enorme pau, o dele. Mutuamente excitados por esses "cúmplices", gozamos loucamente.

É bem assim, não é, querido, que você gostaria de fazer? Nós dois satisfaríamos um desejo insano cuja ideia nos persegue. Mas em seguida, já não precisaríamos de ninguém. Seríamos nós dois e nos amaríamos por nós mesmos. Sim, bem-amado, terei a força de vencer minha resistência secreta e te entregarei a esse amante com quem você sonha. E me darei também, diante dos seus olhos, à minha amante, e assim você saberá como te amo, mas precisamos ser pacientes, pois não vejo como tentar a aventura antes do verão.

Até lá você saberá se contentar só comigo? Você sabe que

ardor me anima para te fazer gozar, meu amado. Nada me detém e te provarei, em breve, sem dúvida, que sou mais "puta" do que nunca. Você me entregará sem pudor seu belo corpo e meus beijos irão dos seus seios às suas bolas, dos seus lábios ao seu pau. Minha língua incansável lamberá, bolinará as dobras do seu cu preparando o caminho para o bico duro do meu peito grande. Conhece coisa mais excitante do que lamber o seu pau e o buraco do seu cu ao mesmo tempo, enquanto as suas bolas são acariciadas por mãos ágeis? Sim, quero tentar que você goze assim. Conseguirei? Não sei, mas você conhecerá uma sensação enlouquecedora que te fará ficar de pau muito duro. Então poderá foder a minha boceta sem parar. Olhe, afasto bem minhas coxas e ponho minhas pernas sobre os seus ombros, enquanto os meus braços seguram os seus quadris. Enfie bem depressa o seu belo pau duro no buraco da minha boceta. Você vai senti-lo desaparecer até o saco. Molho-o sem parar com um jato de porra abundante e minha carne se contrai loucamente em torno da sua pica. Solto a porra como uma bela puta, mais, mais. Ah, você me faz gozar, safado querido. Sim, mete, mais, sempre, adoro isso.

Na sexta talvez, no sábado com certeza, nos reencontraremos no nosso quarto e poderemos nos entregar às nossas brincadeiras favoritas. Vou te amar com um ardor incansável. Chuparei seu buraco, seu pau, seus seios e sentarei sobre sua pica para que ela entre inteira no fundo da minha boceta. Você vai me permitir, só uma vez, te foder de novo? Vou me comportar e farei sem te machucar, mas gostaria que voltasse a ser minha Lottezinha, pois tenho medo de que se canse de nossas carícias. Lembre-se de como a minha pica no seu cu te fazia bem! Te fazia ficar de pau duro e depois você gozava na minha bunda grande. Pronto, olhe as minhas nádegas. Elas ficam empinadas indo ao encontro do seu pau. Me coma por trás! Ah, querido, como somos safados! Aonde vamos e o que será neste verão quando estivermos livres?

Veremos juntos cenas de orgia, das quais seremos os espectadores, ou seremos atores de outras cenas? Seja como for, seremos felizes, não acha, Charles?

Te amo, amor querido, e te provarei isso mais uma vez no nosso próximo encontro. E você, me ama tanto quanto amava? Na sexta-feira você me disse: "Você bem sabe que só tem *uma* que eu amo". Sou eu ou a outra? Diga logo. Diga-me que é loucamente feliz nos meus braços, que só eu sei satisfazer todos os seus desejos, obedecer docilmente *a todos* os seus caprichos, e que sempre me manterá sendo sua. Diga logo que me adora. Você nunca me disse se sou eu *que você prefere* para os jogos do amor. Qual de nós duas sabe te fazer gozar melhor, ela ou eu? Diga, ao menos uma vez, meu amor. Te adoro, Charles, Lotte. Até terça, ou antes se possível. Te beijo loucamente, meu amor querido, onde você quiser.

Simone

31 de dezembro de 1929

Não será sem tristezas, meu amor, que esta noite verei terminar este belo ano. Afinal, ele não me encheu de satisfação, já que vivi seus dias com o coração em festa, os sentidos serenados pela sua ternura e suas carícias?

E o ano que em breve vai começar, você sabe que meu desejo mais querido é passá-lo o máximo possível em seus braços. Que este ano, em vez de nos separar, nos una ainda mais, meu bem-amado, que traga para nós dois a plenitude da felicidade que buscamos.

Espero que o seu desejo seja enfim satisfeito, meu amor querido, e que numa noite de loucura vejamos diante de nós espetáculos esplêndidos: mulheres lambendo-se o cu, homens chupando-se o pau, casais se unindo em trepadas lúbricas e, enfim, que você encontre o macho vigoroso que te fará gozar perdidamente. Ah, sei que prazer você sentirá em chupar o pau grande dele. Creio já ver essa bela pica, dura, acima do seu ventre. A sua boca hábil e gulosa a aprisiona inteira e você masturba seu saco para fazê-la endurecer mais. Você goza, safadinho, e então que êxtase quando ele te foder até o coração, e aí minha boca é que chupará o seu pau.

Sim, certamente, este ano novo verá a realização de nossos desejos mais loucos. Nada peço além do seu amor, sempre, e suas carícias. Você é meu pequeno deus e te adoro. Olhe para mim com seus grandes olhos tão magníficos e me agarre inteira numa trepada sem fim. Me foda, me foda, meta seu pau bem grande na minha boceta.

Te amo.

Simone

Quinta-feira de manhã

Meu querido tesouro,

Por maior que fosse meu desejo de te escrever ontem à noite, não tive tempo, pois fui obrigada a receber visitas inesperadas.

No entanto, como pensei em você, meu amor, durante essa noite! Mal te deixei, já sentia crescer em mim o desejo louco que tenho por você. Pensava naqueles minutos que vivo toda noite ao seu lado, nas loucuras que digo e no efeito súbito que elas têm sobre o seu pau. Ah, como endurece depressa, essa bela pica, quando abordo certos assuntos que nos são tão caros! Desde as primeiras palavras, a cabeça rosa incha, e todo o corpo. Ela empina, fantástica, debaixo da calça, e minha mão a sente, distingue, dura e pronta para gozar. Bastaria apenas uma pressão mais acentuada, uma carícia mais longa para que logo um jato de porra escapasse de suas bolas bem cheias. Essas bolinagens na sombra cúmplice da rua me fazem desejar mais a hora de amor que nos prometemos e volto para casa com a cabeça em fogo, o sangue fervendo. Ah, como te amo mais, Charles querido, apesar dos meses que passam e das loucuras que já fizemos! Ainda não me fartei das suas carícias. Desejo-as cada vez mais. Peço-as, quero-as e já penso na suma felicidade de nossas furiosas relações.

Amanhã provavelmente serei sua e você será meu. Há dias e dias espero essa hora magnífica com a mesma febre, o mesmo desejo de antigamente, das primeiras auroras do nosso amor. Mas então éramos bem-comportados, meu amado, lembra-se? Apenas ousávamos alguns gestos atrevidos, mas agora o que não ousamos fazer? Provamos todos os êxtases mais loucos, imaginamos as carícias mais safadas e como somos felizes, meu tesouro querido!

Então amanhã te esperarei no nosso quartinho. Vou me despir e estarei toda nua na cama grande, com as cortinas fechadas. Na penumbra você me distinguirá com dificuldade e seus olhos procurarão os meus quadris, os seios, o ventre da sua amantezinha. O seu pau já está duro dentro da calça. Duro e grande. Ele treme. Vamos, venha logo, meu amado, venha logo.

Eis você ao meu lado, nu também, e sua carne queima sob o fogo do desejo que te invade. Me dê sua boca, meu adorado. Me dê seus lábios. Me excite com seus beijos loucos. Ah, estou em cima de você, está sentindo? Minhas coxas rodeiam suas coxas, meu ventre toca o seu pau duro num desejo insaciável. Ah, sim, enfie, meta-o na minha boceta, me foda. Eu não conseguiria mais dispensar essa trepada maravilhosa que você me revelou. Me faça gozar mais, mais e sempre. Esvazie a minha boceta de toda a porra e me faça chupar a sua bela pica.

Amanhã quero te dar uma aula. Vou te ensinar a chupar um pau. Vou meter entre as minhas coxas o "substituto" e você vai pegá-lo na boca. Enquanto acariciar os pelos crespos acima desse membro, eu mesma guiarei os seus gestos te excitando com a voz e você verá, meu amor querido, como vai ser gostoso. Sem dúvida, como você dizia ontem, isso "não substitui". É verdade, e eu gostaria de poder te oferecer um pau de verdade, bem grosso, bem duro, bem vivo. Ah, sim, se pudéssemos ter um cúmplice que belas horas conheceríamos! Pois eu ficaria loucamente excitada ao te ver agarrado nele. Gostaria de te ver chupar um pau de verdade. É assim que imagino a cena: vocês dois estão na cama, ele ao pé, você à cabeceira, e se chupam mutuamente. Eu excito os dois com a voz: "Vai, vai, chupa, chupa, mais, mais. Chupa bem minha Lottezinha, e você, minha Lotte, retribua a chupada". Os corpos de vocês, enlaçados, oferecem aos meus olhos um espetáculo assustador e me masturbo ao mesmo tempo para aumentar meu prazer e o de vocês. Mas chega. Também quero ser cúmplice das suas brincadeiras. Estou deitada de costas, você mete em mim e ao mesmo tempo "ele" enfia no seu cu. O seu gozo é duplo porque você tem prazer na minha boceta e sente o pau dele na sua bunda.

Não acha que seria uma loucura gozar assim, meu amado? Nós não somos, afinal, depravados o suficiente? Vamos torcer para que consigamos, um dia, realizar essa loucura.

Amanhã me empenharei com todas as minhas forças em te dar o máximo de volúpia para suprir a ausência "dele". Chuparei seu pau, beijarei o seu cu, mordiscarei os bicos rosa dos seus peitinhos de mulher. Porei o bico do meu peito no buraco da sua bunda. Oferecerei ao seu pau o ninho macio dos meus dois seios bem juntinhos e sei lá mais o quê! Você sabe com que carícias deverá me cobrir. Primeiro, chupar minha boceta bem inchada de gozo. Depois, foder o meu sexo. Ah, sim, meter em mim tantas vezes quanto puder, pois adoro sentir seu pau grosso bem no fundo. Ele entra até o saco e minha carne se contrai ao redor do seu membro. E depois passar o seu pau por todo o meu rosto. Depois, ah, o que faremos depois? Ainda não sabemos, mas é provável que você goze na minha boca, meu tesouro, pois é a sua carícia preferida, eu sei. E minha boca hábil e gulosa bombeará toda a porra do seu saco, pois adoro essa porra. Com uma volúpia incrível, você se entregará a esse gozo e será loucamente feliz.

Ah, te amo, meu querido tesouro. Te amo cada vez mais. Não posso mais te dispensar. Quero ficar com você para sempre. *Você é o meu único amor*, meu único amado e o amor sem você não tem o menor encanto para mim. Você é o amante maravilhoso que derrotou minha carne e cujas carícias sábias fazem nascer o desejo em mim. Querido amado, você me ama tanto quanto eu, apesar dos dias que passam? O seu desejo do meu corpo continua tão ardente? Não quer conhecer as carícias de outra mulher? Ah, tenho tanto medo de te perder que gostaria de ser o próprio vício para te ligar a mim definitivamente. Não peça a outra esses beijos extenuantes, não entregue o seu pau a outros lábios além dos meus e guarde para mim o seu cu, guarde-o só para mim que eu te meto apaixonadamente.

Gostaria de receber esta noite uma longa carta. Responderei e amanhã leremos juntos essa resposta. Você quer, amor querido? Faça um esforço e me escreva logo uma dessas cartas adoráveis como as que me manda quando está longe de mim.

Adeus, meu caro tesouro querido, até de noite, mas, sobretudo, até amanhã. Como te amarei!

Simone

Quinta-feira, 5h30

Meu amor querido,

Você lerá esta carta nos meus braços. Não a enviarei esta noite, pois quero sentir minha força sobre os seus sentidos e quero assistir à perturbação da sua carne quando você decifrar amanhã estas linhas apaixonadas.

Pois o dia de amanhã se aproxima, com todo o habitual cortejo de volúpias, alegrias, sexo sádico e, mais que nunca, amanhã me revelarei puta, safada ao máximo para que o seu pau endureça firme, para que suas bolas fiquem cheias dessa porra generosa que você soltará, onde? Na minha boca, na minha boceta, no meu rosto? Quem sabe? Quem pode prever o gesto final que coroará essa festa de nossos sentidos?

Seja como for, você pode ter certeza, de antemão, que porei em ação todos os meios de que disponho para te fazer gozar apaixonadamente.

Estaremos sozinhos de novo, amanhã. Nenhum "cúmplice", o macho vigoroso ou a frágil amante com quem sonhamos, virá nos auxiliar. Estaremos sozinhos, mas não completamente, pois mesmo assim esses cúmplices estarão presentes. Não temos diante dos olhos uma imagem exata das cenas que poderemos viver juntos? E amanhã, eu sinto, eles estarão lá para excitar nossos sentidos, para tornar nossos gestos mais sádicos. Ele, com seu pau impressionante, empinado num insaciável desejo, ela, com sua língua rosa cercando meu botão fremente.

Sim, é belo o amante que encontrei para você. O corpo flexível e musculoso saberia enlaçar o seu em suas coxas longas e firmes. O pau é belo também, de um diâmetro imponente e a sua carne branca e nacarada sobressairia muito bem ao lado da pele morena dele. Vejo o quadro sugestivo que vocês dois formam. Ele, com a cabeça loura, ao lado da sua cabeça morena; ele, com ventre liso, em cima da sua bunda empinada e do seu pau erguido entre as mãos dele, nervosas. Sem dúvida, me excitaria tremendamente vê-lo se ocupar de você, e se até mesmo te desse vontade de enfiar no cu dele diante dos meus olhos, pois bem, meu Deus, eu não diria nada, pois me masturbaria na frente de vocês. Mas confesso que preferiria sentir o seu pau na minha bunda.

E você, também vê a cena? Minha amante está ali em cima da cama, seus peitinhos dardejam em direção à minha boca seus bicos rosa; deliberadamente os agarro. Minha língua os bolina com lambidinhas rápidas enquanto minha mão desliza entre suas coxas e a masturbo. Você lambe o buraco da minha bunda. Depois, de repente, minha boca desce e se gruda no botão dela, que estremece. Veja-me comendo o cu dessa putinha. Dê o seu pau para ela, que vai masturbá-lo na minha frente. Agora é minha vez de provar essas carícias lascivas. Ela me chupa, olha. Ah, como ela faz bem, querido! Veja como a língua dela trabalha amorosamente a minha carne. Chupe-a também, vai, eu permito. Faça-a gozar na minha frente. Passe a língua no sexo dela, que vai me acariciar mais loucamente ainda. Mas não toque mais nela. O seu pau é meu, só meu. Agora venha enfiar em mim, venha logo. Vou gozar em cima do seu pau duro. Meta em mim numa trepada infinita em que vou sucumbir.

Chega, não penso mais nesses quadros enlouquecedores. Veja, estou aqui, sozinha, junto de você. Nenhuma mulher, nenhum homem me acompanha. Estou nua em cima do sofá largo. Venha, meu adorado, venha me provar que ainda basto ao seu desejo. Sou uma putinha, sabe? Tome, te ofereço minha boceta. Venha logo chupá-la. Na beira da cama, com as pernas abertas, me dou a você. Lamba meu botão, me faça gozar. Você faz isso tão bem quanto uma mulherzinha, e ao menos te amo. E depois, fode comigo, fode bem comigo, apertando os bicos dos meus seios. Enfie o seu pau bem no fundo da minha boceta. Ah, estou sentindo, o seu caralho grosso que me fode, seu safado querido. Sim, me dê a sensação enlouquecedora de ser comida por trás e fodida por dois machos vigorosos. Pronto, vou ficar na beira da cama, com as coxas bem abertas. Enfie no meu cu a pica grossa e meta o seu pau na minha boceta. Que delícia, meu amor!

Não tenho medo, não tenho mais medo do tempo que passa, pois agora sei que paixões são as suas e como te prender ao meu lado. E este verão pretendo me deixar machucar, pois sei que este é o seu sonho mais louco, açoitar esse traseiro insolente até o sangue e me foder ainda toda ofegante e destruída.

Amanhã, amanhã, meu amor querido. Terei seu corpo fantástico e sentirei na minha carne a carícia escaldante dos seus lábios adoráveis. Enquanto isso, só posso viver a noite inteira tendo no coração o desejo ardente de possuir todo o seu corpo, querido amante que adoro.

Espero que você seja muito safado para rivalizar com a sua safada querida. Me diga palavras que excitarão minha audácia. Me deixe excitada com as suas safadezas e verá com que ardor te amarei.

Adeus, amorzinho querido, até amanhã. Enquanto você ler esta carta, chuparei seu pau ou seus peitinhos rosas e verei chegar nos seus olhos a luz selvagem do desejo que te jogará na cama, de pernas abertas, pau duro. Então me sentarei em cima dele, que entrará na minha boceta até o saco.

Te adoro, safadinho querido,

Simone

Quinta-feira, meia-noite

Não consigo dormir, meu Charles, estou horrivelmente infeliz e com o coração apertado. Pergunto-me o que acontece com você para que tenha se tornado de repente tão indiferente, tão distante do nosso amor a ponto de conseguir ficar três longas semanas, em breve um mês, sem que tenhamos nos reencontrado.

Garanto que não posso acreditar que esteja farto de mim, pois te conheço bem e sei que antigamente você não conseguiria resistir à necessidade de experimentar todas as nossas carícias, receber as provas de meu amor, mergulhar enfim numa dessas fruições loucas que foram a própria base do nosso acordo. Agora parece que mais nada te tenta. Quando pergunto quando te verei, você me responde que está sozinho no escritório, que não consegue se decidir, e sei lá mais o quê!

Te suplico, Charles, pare de me fazer sofrer assim. Dissipe com uma palavra o mal-entendido que nos separa. Diga-me e me dê logo a sua resposta, seja qual for. Esta noite nos separamos quase brigados. Você não me respondeu. Me largou apressado e continuo a me perguntar o que você tem.

Não estou zangada com você, meu tesouro, você sabe, mas entenda-me. Lembre-se de todo o nosso passado. Lembre-se dessas horas ardentes que esperávamos, um e outro, com a mesma febre. Nós nos jogávamos um sobre o outro com um ímpeto sempre crescente e nossos corpos logo vibravam com os mesmos espasmos. É possível que agora nada disso tenha encantos para você e que eu já não seja sua safadinha querida que te fazia gozar tão bem com uma carícia, um gesto audacioso?

Charles, meu querido, se o seu desejo por mim morreu, seja leal e não me arraste mais para a tristeza. Diga que tudo terminou e saberei que não tenho mais nada a tentar para te reconquistar. Mas por favor, meu amor, poupe-me essa lenta agonia.

Charles, minha pequena Lotte, estou muito triste porque creio que sou a única a prezar por um passado tão maravilhoso. Então você já não sente desejo de mim, diga, minha bunda já não te tenta com a pele acetinada das suas nádegas e minha boca também perdeu o poder maravilhoso que antigamente fazia seu pau endurecer entre meus lábios? Mas então, por que ainda ontem à noite o senti tão belo e tão grosso sob a minha língua se você já não deve, nunca mais, enfiá-lo no meu cu ou na minha boceta? Ah, meu tesouro, meu tesouro, é possível que você tenha ficado indiferente a esse ponto? Do meu lado, ainda tenho muita vontade de você. Sofro, meu querido, e você não quer entender. Por que não me respondeu esta noite, por que me largou tão depressa? Mas te conjuro, meu adorado, tenha pena do meu pesar. Diga o que tem? Por que me despreza? Não é possível que há três semanas não tenha encontrado uma hora para passar nos meus braços.

Não estou furiosa, meu amor. Se você pudesse me ver neste momento, teria pena de mim. Estou nua na cama, desarrumada, e choro, meu Charles, choro, pois tenho a clara impressão de que você se afasta de mim.

Ah, querido, não é a carta que eu sonhava te enviar deste quarto, mas agora será que ela teria um atrativo qualquer para você?

Meu amor querido, será preciso renunciar a todas as nossas alegrias? Será preciso expulsar de minha memória a lembrança do seu corpo maravilhoso, e o meu nunca mais conhecerá o seu abraço, nem o beijo apaixonado dos seus lábios no meu pequeno sexo? Ah, meu Charles adorado, devo estar enganada, estou enganada, não é? Você ainda me ama, não está cansado da minha bunda grande, dos meus peitos, de todo o meu corpo que se dobrava sob o seu. Evoque minhas nádegas que se empinam para o seu pau num gesto indecente. Reveja em pensamento o buraquinho marrom desse cu tão amado outrora. Pense também na minha língua passando pelas suas nádegas, pelo seu saco, subindo por todo o seu pau da cabeça até a base. Feche os olhos e pense que ele está ali na minha boca, que a sua vida se esvai gota a gota no fundo da minha garganta. Depois saberá melhor se tudo acabou entre nós, pois, se nenhuma dessas lembranças te fizer crispar os dedos em volta do seu membro, perdi meu poder e infelizmente eu tinha razão.

Meu Charles, você ainda é minha Lottezinha, minha deliciosa amantezinha, essa a quem entregarei um macho vigoroso para o seu prazer, ou agora quer conhecer, sozinho, essas volúpias?

Não penso que tenha alguma dúvida sobre minha fidelidade, e que o relógio que eu uso no pulso seja para você o sinal de minha decadência. Não, meu amor, este, como os outros, nunca teve de mim senão esperanças vagas, e foi embora sem conseguir conhecer a carícia de minha boca que ele tanto queria provar, você sabe onde. Se eu pudesse fazê-lo diante de você, talvez o tivesse feito feliz, mas você sabe que, infelizmente, meu adorado, não tenho nem sequer a força nem o desejo de te enganar. Você aprisionou muito bem meu coração e meus sentidos. Sou sua, sou só sua, para sempre.

Adeus, tesouro, vou tentar dormir. Eu te suplico uma última vez, me responda mesmo se sua resposta for me causar a maior tristeza de minha vida. Prefiro tudo ao seu silêncio e à minha tortura.

Vamos, meu querido, me deixe beijar esse corpo maravilhoso que você me recusa. Chupo seu belo pau até que ele despeje em minha boca toda a sua porra que eu adoro.

Sua putinha querida que sofre sem você, meu bem-amado. Responda, te suplico. Até segunda???*

Simone

---

* Se é verdade que a ausência das cartas de Charles não dificulta nossa leitura e não impede nossa compreensão da relação, de tal forma a neurótica logorreia de Simone, que agora dirige amplamente o jogo dos desejos e dos prazeres,

nos informa sobre sua evolução, há momentos em que uma carta do amante daria a Charles mais espessura aos nossos olhos. Vemos muito bem, através da filigrana das missivas de Simone, que a lassidão (ou o pânico?) de seu amante se sucede a cada novo prazer, e desconfiamos que, em seu caminho do "vício", ele é como os peregrinos de Compostela no caminho da fé: três passos à frente, dois passos atrás. Uma carta de Charles, se todas elas não tivessem desaparecido, seria útil em nos informar o que ele sente nesse estágio, e que, porém, pressentimos: a tentação de ir adiante na descoberta da proibição desejada, mas também a obsessão de realizar algo de irreparável. É por isso que o espectro do rompimento está sempre presente. É mais fácil para Charles se aborrecer com sua amante do que consigo mesmo por causa dessa viagem pelo caminho proibido de suas tentações. Em que momento estas deixarão, portanto, de levá-lo à obsessão de falhar? Eis o que me leva a expor minha certeza de que as cartas de Charles só poderiam ser encontradas no sótão de Simone, e não no do amante: a sacola continha não só esta correspondência mas também a de uma relação posterior, e todas as relativas a outras histórias de amor de Simone menos importantes, desde sua adolescência. Mas se ela tinha endereçado essas cartas a outros, como — vocês talvez se interrogarão — essas cartas teriam sido descobertas na casa dela, e não nas casas dos homens em questão? A razão é simples, e resulta do código de honra, muito amplamente observado, das relações de amor na França, abundantemente descrito, aliás, na literatura francesa dos séculos XVIII e XIX: o costume da boa sociedade exigia que depois de um rompimento o amante devolvesse todas as cartas que lhe tinham sido enviadas a fim de não haver o risco de comprometer posteriormente a reputação da dama. Estamos longe dos costumes de hoje, em que tantos amantes decepcionados "postam" no Facebook as fotos mais íntimas do companheiro largado, e em que os impudicos parceiros de personalidades públicas se esparramam em confissões midiáticas. Se temos a sorte de Simone não ter resolvido destruir suas cartas, seria milagroso que as de Charles pudessem um dia ser encontradas. Simone, sem a menor dúvida, deve ter tido toda a vida a sensação de que essa história era extraordinária, e, portanto, não se decidiu a destruí-las. Quanto a Charles, homem casado, o perigo era grande demais, a página devia ser virada, e as páginas deste amor, destruídas.

Sexta-feira à noite

Meu terno amor,

Seu *pneu* veio acalmar meus alarmes. Embora seja muito curto, bastou para fazer renascer a felicidade na alma ardente da sua louca amante tão propensa ao desespero. E esta noite, na minha mesinha, contemplo o traçado apressado do seu membro triunfante. Ele está ali, diante dos meus olhos, enquanto escrevo estas linhas e creio vê-lo se animar.

Sim, minha ternura, amo assim esse belo pau audacioso e gostaria de agarrá-lo inteiro dentro da minha boca, chupá-lo sabiamente, tocar sua pele morna, passar minha língua hábil e sentir no fundo da minha garganta o seu gozo amargo que adoro. Sim, eu me lembro: a rua deserta, nós dois, sozinhos. Depressa, me dê o seu pau, Charles querido, ele já está duro. Basta uma lambida, e ali, em plena rua, com uma audácia incrível, ousamos o gesto supremo. Eu te chupei. Ah, nada nos detém, meu bem-amado, nada. Você não se masturba quase todas as noites enquanto te conto mil loucuras para excitar o seu ardor? Você não deve se espantar, meu tesouro, se me queixo do jejum que me impõe, pois, tão perto de você assim e te tocando com minha língua e meus dedos, você deve pensar que eu já não vivo. Pense, três semanas intermináveis se passaram desde nosso último encontro. Três semanas (uma temporada em Bandol) e tenho desejo de você, desejo de gritar, de tão furioso e vivo é o desejo de todo o seu corpo, de toda a sua carne. Sim, meu tesouro, te quero todo nu nos meus braços, sua pele acariciando a minha pele com esse contato tão suave. Minhas coxas poderosas fazem as suas prisioneiras e sob o meu ventre sinto o seu pau que se ergue perdido de desejo. Ah, olhe, te dou minha boceta como refúgio, belo pau bem-amado. Enfie sua cabeça altiva nesse ninho macio. Meus gestos com os quadris o forçam a entrar mais. Vem, vem, mais, mais. Ah, é uma delícia, e é uma loucura gozar assim. Me foda, meta em mim, safado querido, não aguento mais esperar. Estou louca de vontade da sua pica. Ah, querido, quando poderemos voltar para esse quarto discreto que viu nossas mais belas batalhas? Serei puta o máximo possível, meu bem-amado. Quero te fazer passar minutos maravilhosos nos meus braços. Você vai querer sentir na minha bunda esse belo pau que fez no seu uma carícia tão doce um dia? Você certamente se lembra, meu tesouro. Eu estava sendo comida por trás e pela frente ao mesmo tempo e através da fina parede da minha boceta você esfregava o seu pau contra o "outro" e estava feliz, meu amor. Estou louca para rever o cu esplêndido da minha Lotte e seu buraquinho bem marrom pronto para receber as investidas fulminantes de um macho vigoroso. Não esqueça, meu querido, que com minha mão quero guiar para ele esse pau com que você sonha. Enquanto isso, sabe que entre minhas coxas tenho um brinquedo esplêndido que prepara o caminho. Minha boca e minha língua, por si só, bastarão para o trabalho, pois estou com tanto desejo desse buraquinho adorado que dispensarei o "substituto", eu sinto. Ah, querido, no dia em que você enfim estiver livre e me chamar para perto, entregará seu corpo a uma amante mais louca que nunca. Ah, querido, não aguento mais. Te desejo loucamente. Sim, parece que você partiu para longe de mim e que vai voltar breve. Lembre-se de nossas horas de amor no dia seguinte desses regressos, tesouro querido. Com que entusiasmo nos dávamos um ao outro! Bem-amado, tenho confiança em você. Desculpe se duvidei da sua ternura, mas também, pense que não me habituou a uma espera dessas, a não ser que esteja viajando. Eu tinha o direito de me alarmar, meu doce querido? Então, esperarei. Acalmarei minha impaciência, mas quando você estiver de novo em meus braços, ah, querido, que

novas loucuras vamos fazer! Ah, sim, chupar seu pau, acariciá-
-lo com meus lábios, meus dedos, masturbá-lo entre meus seios
juntinhos como um cuzinho minúsculo e te ver gozar sobre o
meu peito, minha barriga, por todo lado, por todo lado. Sou uma
tremenda puta, hein! Retornaremos para a rua deserta se ainda
esta semana você não puder me encontrar. Te adoro, tesouro, e
espero te ver mais amoroso que nunca.

Aninho-me nos seus braços, com a cabeça no seu ombro, as
coxas sobre seu ventre, e beijo longamente sua boca e seus olhos
que adoro.

Até segunda à noite, querido,

Simone

Meu grande amor querido,

Fiel à minha promessa, venho, antes de me deitar, escrever esta carta que você espera, esta carta que não encontrou em Narbonne e que é a causa de todo o mal que quase nos aconteceu.

Meu bem-amado, estou profundamente feliz de ter encontrado você. Pensei ontem que tudo estava acabado. Desculpe mais uma vez, ó, meu grande querido.

Você bem sabe que te amo mais que tudo no mundo. Sou sua do mais profundo de minha carne e do meu coração e, quando penso no que são todas as nossas carícias, me sinto morrer como morro com seus beijos. Ah! Como soube me prender, meu amor, como soube, acima de tudo, me preservar, pois não parei de te amar um só instante desde o primeiro dia. Mais uns dias e teremos alcançado nosso segundo aniversário, meu amado. Dê uma olhada para trás e veja a que altura chegamos. Lembre-se de nossas primeiras carícias tímidas e breves e pense no que são, agora, nossas horas. Pense sobretudo no que serão as do futuro quando, liberados das correntes que nos amarram, poderemos fugir por uma noite para esses paraísos maravilhosos que nossos desejos imaginam e demandam.

Sim, Charles, aproxima-se a hora em que poderá enfim conhecer os gozos últimos. Será primeiro aqui, na minha casa, se quiser, o prelúdio dessas orgias. A cama grande receberá três corpos, três nudezes na luz velada em que distinguiremos coxas, braços, cabeças, todo um amontoado de carne rosa e morna, e gemidos de volúpia surgirão na noite. Você verá sua amante, sua grande puta, chupar loucamente o cu de sua amiga jovem e morena. Entre os lábios dela sua amante vai prender aquele grelinho misterioso que incha sob um beijo enquanto os ágeis dedos dela passeiam pelo corpo que estremece. Olhe como ela goza com os beijos da sua amante, essa jovem virgem... Olhe o ventre que treme, os seios que entumecem... Ela geme, grita com a carícia sábia que a faz desfalecer... Você não aguenta mais, você a afasta violentamente e é sua vez de chupar a sua amante. O seu pau duro está cheio de porra, ele tenta a minha boca... Vamos, venha, também quero que você desfaleça com o meu beijo. Me dê essa pica gorda... Ah! Tome, veja, sinta a minha língua na sua pele fina e morna... Ela sobe, sobe... Vai até a cabeça, desce até o saco... Sim, você quer esporrar na minha boca, safado, estou sentindo... Você não aguenta mais... Vamos, meta-a no fundo da minha garganta, me dê tudo, tudo, até a última gota. E para reavivar o seu desejo, me faço masturbar e chupar pela minha amiga, diante dos seus olhos. Nossos corpos fazem poses ousadas. Ora você vê a bunda dela, ora a minha, e seu pau fica loucamente duro. Então, enquanto ela se masturba, fazemos amor na frente dela e você me fode, meu amor, me faz gozar até que eu te diga chega.

Um quarto, lá; escolhemos juntos um belo efebo de formas cheias, belo pau, bela bunda. Você está nu no colchão e o seu amante se prepara para te satisfazer. Deita ao seu lado e logo a mão dele masturba o seu pau, mas o dele, a meu ver, não endurece depressa o bastante. Vamos, vou ajudá-lo, e minha boca pega o membro enquanto ele masturba você. Olhe a sua amante entre as pernas dele. Ela está de joelhos e você pode acariciar com uma das mãos a grande bunda dela, mas o membro está o mais duro possível... Vamos, Lotte, de joelhos na beira da cama. O seu buraco já está entreaberto, de tal forma te atormenta o desejo de sentir essa pica grossa te possuir até o saco. Um tranco do seu amante e você geme, sendo tocada até o fundo. As bolas gordas batem na sua bunda enquanto o pau entra no buraco. Você é fodido, meu Charles, por um pau de verdade, e logo sente o gozo morno que te molha. Para acentuar o seu prazer, eu agarro o seu pau entre os lábios e você goza na minha boca como uma bela puta que você é. Eu me masturbo vigorosamente diante desse quadro enlouquecedor e nós três rolamos misturados, cheios de porra e esgotados por um mesmo gozo.

É isso mesmo, meu amor, que você quer? É essa a última sensação que preciso te dar? Ah! Como te veria feliz nesse dia, minha Lotte... Lembre-se do nosso último encontro na semana passada. Eu tinha chupado o seu pau com todas as minhas forças. Você tinha trepado comigo loucamente e eu queria te fazer gozar apaixonadamente. Você se deita de costas, com as pernas bem abertas, o pau duro. Eu enfio no seu cu suavemente, suavemente. Lambo o buraco em torno desse membro, masturbo o seu pau ao mesmo tempo. Como você está feliz, meu amado! Vejo os seus olhos que se turvam, a mão se crispa sobre o pau, você o põe na minha boca. Ah! O minuto inesquecível! Eu enfio no seu cu e te chupo ao mesmo tempo. No seu buraco, meu membro vai e vem sem machucar e na minha boca o seu pau enlouquece. Mais uma lambida e você solta tudo num último espasmo, num último gemido.

Ah! Minha Lottezinha. Você não me disse se te amei direito naquele dia. Eu esperava a carta que teria prolongado esse êxtase. Você foi plenamente feliz, meu amor?

Diga que tanto quanto eu você quer prolongar nosso sonho. Diga que ainda precisa de meu corpo em cima do seu, que quer sentir minha boca no seu pau e minha bunda se empinar para a sua pica. Diga, enfim, que continua me amando, apesar do tempo que passa, apesar de nossas briguinhas, apesar de tudo, enfim!

Eu, Charles, te adoro. Você sabe que não vou recuar. Você continua sem me entender e às vezes sofro com isso. Não nos atormentemos mais, meu amor, é muito sofrido. Amemo-nos como no passado, amemo-nos com nosso entusiasmo de antigamente e, se pudermos, acrescentemos a nossas lembranças belas horas apaixonadas e viciosas. Procuremos juntos o belo safado que satisfará nossos desejos últimos, você quer, minha Lotte?

Você terá esta carta amanhã, como deseja. É muito tarde, vou parar. Gostaria de ter também algumas páginas suas em resposta a esta carta para desenhar as últimas imagens que pairam sobre minha felicidade. Você a escreverá, querido? Sabe como amo as suas cartas; são tão raras, tão raras agora. Me dê esse prazer, tesouro querido, faça um pequeno esforço e na sexta terei uma carta deliciosa que me excitará desesperadamente.

Adeus, meu querido tesouro amado, vou dormir pensando muito em você. Te amo com toda a minha alma, você sabe, meu Charles? E quero ficar com você para sempre, para sempre.

Escreva-me logo que também me ama.

Aperto-me contra você, tesouro. Te adoro.

Sua Simone

Sexta-feira, 0h45

Meu grande amor,

Fiel à promessa que te fiz ontem, envio a carta pedida. Que posso dizer mais, porém, que você já não saiba há muito tempo, meu amado? Já não expressei, na minha última carta, todos os nossos desejos mais ardentes, mais secretos, e agora você não sabe todas as loucuras que em breve faremos?

Quer, mais uma vez, que eu te faça ficar de pau duro à distância, meu belo safado querido? Provavelmente, no momento em que ler estas linhas, você estará sozinho no seu escritório, com as coxas bem abertas e o pau na mão. Evoco o quadro ao escrevê-lo e gostaria de estar presente no mesmo instante para contemplá-lo de mais perto.

O que será então, meu amor, quando me vir pegar nos braços minha namorada e que montarmos uma na outra em cima da cama, numa trepada fogosa? O que será também quando, diante dos seus olhos, eu chupar uma pica grossa?

Sim, meu amor querido, quando tivermos conosco um ou dois belos cúmplices, faremos mil loucuras. Inventarei carícias raras para fazer toda a sua carne estremecer. Quando vocês dois estiverem no auge da ereção, vou esfregar os seus paus um contra o outro. Deve ser uma sensação deliciosa tocar com o seu pau o pau de outro macho. Não acha, amado querido? Se eu pudesse, sabe, gostaria de ter a boca bem grande para chupar vocês dois ao mesmo tempo, mas o que quero ver é você e o seu "amante" se chupando mutuamente num "69" impressionante. Nós duas, enquanto isso, estaremos bem ocupadas fazendo o mesmo, e poderemos ver então dois casais confundidos numa orgia impossível de descrever. Se você não tem confiança na habilidade desse homem para te chupar, eu é que o farei, e ele, ao mesmo tempo, enfiará no seu cu com toda a força até o saco. Da última vez te dei um gostinho prévio dessa trepada rara e você pareceu achá-la deliciosa. Nós a renovaremos num próximo encontro, se você quiser, meu amado. Assim você esperará, com mais paciência, os próximos dias.

Sabe que estou pronta para tentar com você todas as aventuras, sejam quais forem. Nenhum gesto, nenhuma ideia me encontrará rebelde a te satisfazer, pois antes de tudo quero que experimente em meus braços sensações tão fortes que não pense em me deixar para buscá-las em outro lugar. Não hesito em te jogar nas coxas de um belo macho e, no entanto, se você fosse preferi-lo a mim! Sei qual será o seu prazer, meu amor, quando sentir no seu cu esse pedaço de carne bem duro que remexerá em todos os sentidos os recantos mais secretos. Sentirá essa cabeça enorme acariciar lentamente a parede mais distante do seu ventre, pois a sensação é tão forte que parece que o homem está lá, no ventre. É uma loucura e é uma delícia. É excitante, maravilhoso, e você só pode ter uma pálida ideia do gozo que proporciona esse pau que esporra no seu cu. No minuto exato, o pau incha, incha, e a gente sente esse jato quente que nos molha. Ah, corro o sério risco de te perder ao te dar essa paixão, pois por acaso você saberá se contentar com os meus fracos meios quando tiver gozado assim com o pau de um homem no seu buraco? É a mais bela prova de amor que jamais terei te dado, pois nela arrisco toda a minha felicidade.

Ah, já evoco a sua carne trêmula, suas coxas bem abertas, seu cu bem aberto e vejo o membro enorme que te apresentarei. Você gritará de dor primeiro, mas ele, insensível e cruel, enfiará a pica com um gesto brutal e só as bolas é que deterão aquele ímpeto. Eu te receberei em meus braços, sem forças, sem pensamento, e serei feliz, pois finalmente te terei enchido de prazer.

Pois é isso que você me pede para te dar a conhecer, não é, minha Lottezinha? Você ficará satisfeito, eu sei, a não ser que no último instante recue. Mas não, você é um belo safado e só sonha com paus, com bolas. Nos meus braços pensa nesse amante que preciso te dar e antecipadamente treme com um desejo mal contido.

Se quiser, neste verão teremos belas horas. Poderemos passar toda noite alguns instantes juntos antes de nos separarmos, ou então você irá me encontrar na minha garçonnière. Passaríamos uma hora juntos nos amando como quisermos, fazendo mil loucuras. Quer, meu amado? Convidarei minha amiguinha e poderemos nós três fazer todas as safadezas possíveis. Se encontrarmos um "safado", o levaremos também.

Meu caro querido, para manter você ao meu lado, estou disposta a fazer tudo o que você me pedir. Invente prazeres, diga os que te tentam e os provaremos juntos.

Estamos ligados, meu amor, por nosso vício todo-poderoso que nos acorrenta, para nossa maior felicidade. Você consegue imaginar agora o amor sem todas essas carícias exaltadas e perversas? Consegue imaginar que poderia amar uma amante recatada e calma? Eu não saberia fazer amor com outro amante que não você, pois a ideia de pertencer a outro homem me faz rir. Uma noite você me disse: "Não é vontade que te falta". Não creia, Lotte querida, pois só amo você, esteja certo. Os outros têm para me encantar os seus belos olhos profundos, os seus lábios macios e quentes que sabem tão bem pegar minha boca? Têm, sobretudo, esse corpo maravilhoso, essa pele acetinada e morna em que gosto tanto de encostar minha face? E esse belo pau grosso e duro que faz maravilhas entre minhas nádegas?

Meu pequeno tesouro querido, meu pequeno deus, como te amo e sou feliz! Em breve te provarei isso, é o que espero, pois morro de vontade de você, meu amado. E você, não quer acariciar meu corpo, não quer beijar ardentemente essa bunda que antigamente adorava? Pense em todos os belos êxtases que você lhe deve, nessa grande bunda bem branca, bem firme, e como agora você a abandona! Quer minha boca, unicamente minha boca, para enfiar seu pau duro, para te fazer gozar, para te chupar, grande safado querido?

Pois bem, venha para meus braços, venha logo. Você vai sentir num segundo os lábios de sua amante em torno do seu pau e a língua acariciar sabiamente a sua glande enquanto o membro postiço bolinará o seu cu em todos os sentidos, como provavelmente fará a pica grossa do seu amante.

Inútil dizer que agora vou me deitar, e como todas essas loucuras me excitaram terrivelmente! Vou ficar nua sobre a pele que cobre minha cama, e com as coxas bem abertas, o ventre empinado, vou me masturbar vigorosamente pensando em tudo o que você faria comigo se estivesse ao meu lado.

Adeus, meu amor querido. Espero que receba esta carta na segunda-feira. Ligue depressa para me dizer se ela te agradou e se você tem tempo. Responda longamente até terça-feira.

Até segunda, tesouro querido. Te adoro.

Sua Simone

Meu querido tesouro,

Fiquei muito triste o dia inteiro porque de manhã a carta que eu esperava não estava aqui. Mas de noite fui recompensada, pois ela está enfim em minhas mãos e nunca tinha lido uma mais bem escrita para excitar meus sentidos. Se minhas cartas te agradam, meu amor, que direi das suas? Elas me põem num estado alucinante. Portanto, acabo de reler à vontade as quatro páginas apaixonadas que você me entregou e meu botão está tão duro quanto o seu pau diante de um espetáculo sugestivo. Eu te reencontro, meu safadinho querido. Sim, você é um belo depravado e te amo mais ainda, pois você me faz reviver horas de intensa volúpia.

Um dia em que você estiver livre, como eu, experimentaremos esses loucos êxtases que nos obcecam. Venha, morro de vontade de dar a cada um de nós um companheiro de orgia, um para você, que enfiará no seu cu como você deseja, um bom macho bem vigoroso, bem-dotado, cujo pau você poderá chupar, cujas bolas poderá acariciar, e que te masturbará com sua mão nervosa. Diante de suas carícias brutais você sentirá as forças se esvaírem, e quando ele enfiar a pica na sua bela bunda, você gritará de dor e de gozo ao mesmo tempo, enquanto chuparei o seu pau e o outro cúmplice meterá na minha boceta. Vê a cena como eu vejo? Você está deitado de lado. O seu "homem" te come. Eu, ajoelhada na sua frente, te chupo e o outro cúmplice me fode. O que eu também gostaria é de ser fodida, e que ao mesmo tempo eu masturbasse os dois paus. Ah, não sei mais o que quero, você me faz perder a razão. Sim, talvez aceitarei que diante de mim você meta em outro buraco que não o meu. Verei o seu pau desaparecer na boceta da minha amiga enquanto eu me masturbar. Mas gostaria que você me visse chupar a boceta dela com minha língua hábil em sorver o gozo. Tenho certeza de que o seu pau estaria empinado num insaciável desejo ao ver essa cena. E você, por sua vez, viria oferecer seu membro ao ardor dos meus beijos. Fico feliz, meu amado, que também tenha sensações perturbadoras em meus braços, e nada me agrada tanto quanto chupar seu belo pau depois de ele me fazer gozar muito. Quando ele sai da minha boceta está tão duro que parece querer estourar sob a força da porra, e para mim é uma fruição incomparável esvaziá-lo. Sim, ponho toda a minha ciência nesse gesto que adoro. Te chupar é para mim a melhor carícia. Fico toda excitada só de pensar.

Você me fará morrer de volúpia esperando as orgias que nos prometemos. Serei mais devassa, mais apaixonada que nunca, e te excitarei com minhas palavras e meus gestos perversos. Ah, quero rolar sobre sua carne que me enlouquece, sentir o seu pau entrando no meu sexo, me masturbar com a cabeça altiva e dura. Sim, quero a sua bunda, minha Lotte querida. Venha dar o cu, venha empurrar sobre o meu membro o seu buraco vibrante e sinta a minha pica entrar em você profundamente. Uma noite você sentirá correr a porra de um pau vibrante e desfalecerá sob o gozo desconhecido. Me foda, safado querido, me faça gritar de volúpia com as metidas do seu membro. E venha me dar o seu pau. Enfie-o na minha garganta, eu o chupo, mordo. Minha língua e meus lábios o afagam e o aspiram. Sinta como eu chupo bem, meu amor. Goze na minha boca, solte tudo. Eu me masturbo e gozaremos juntos. Sim, e sei que você ama ser chupado. É por isso que quero sempre te amar assim. Largue minha bunda, goze na minha boca e não me queixarei. Engulo tudo. Segunda-feira você me dará o cu. Quero te fazer gozar com meus abraços, Lotte querida, adorável amantezinha que adoro cada vez mais, colo minha boca no seu buraco delicioso e o aspiro inteirinho na minha boca. Você me fode até o saco e chupa a porra do meu botão que escorre a rodo com as suas lambidas.

Me dê você inteiro. Ponho meus lábios enternecidos sobre seus olhos adorados.

Simone

Quinta-feira à noite

Meu caro amor querido,

Eu disse ontem que tínhamos encontrado o parceiro para nos ajudar a realizar nossos desejos supremos e me pergunto se consegui te satisfazer. Tive a vaga mas dolorosa impressão de que alguma coisa se rebelava em você com a ideia de que eu pudesse ter chegado a esse ponto, pudesse ter pedido a esse homem para se juntar a nós. Pergunto-me, Charles querido, se não está meio zangado comigo por tamanha audácia, e estou muito triste ao pensar que posso ter te desagradado.

Você sabe como te amo, meu querido tesouro, e que preocupação sempre tenho em te fazer cada dia mais feliz com minhas carícias. Sabe que ternura é esta que te dou há quase dois anos e também sabe, espero, que é meu único, exclusivo e verdadeiro amor. Portanto, com o desejo incessante te de agradar e o mais ardente ainda de te conservar como meu, pus todo o meu vício a serviço do meu amor. Sei há muito tempo que você gostaria de conhecer as carícias brutais e desconhecidas de um macho ardente e safado como nós. Sei que quer sentir nos lábios a doçura da bela pele de um pau bem duro e bem comprido e, mais ainda, senti-lo no cu. Procurei, encontrei. Está zangado comigo, meu amor, por tê-lo satisfeito quase pela metade?

Só depende de você, Lotte, conhecer enfim esse gozo último. Se quiser, em breve se abandonará ao sexo com este homem. Ele chupará o seu pau com um gesto mais atrevido que eu, talvez, e você lhe retribuirá a carícia. Agarrará nos lábios o grosso pau dele enquanto eu chuparei o seu. As suas mãos brincarão com as bolas dele cheias de porra enquanto me masturbarei diante de vocês. Então não te excitará ter entre os lábios um verdadeiro pau que sentirá inchar na sua boca, e também pôr o seu na boca do parceiro? Você não terá mais entre as coxas uma amante ardente, mas um macho vigoroso que ficará de pau duro como um safado, pois para excitá-lo para a orgia nós foderemos na frente dele, numa trepada furiosa, e ele não conseguirá resistir a uma cena dessas. Verá o pau dele, grande, se empinar desesperadamente em direção à sua bunda e numa posse brutal ele comerá o seu cu, enfiará até o saco o membro duro e você conhecerá assim a volúpia suprema.

Se não ousar lhe dar as suas carícias primeiro, eu o farei por você, e na sua frente. Eu lhe chuparei o pau enquanto ele masturbará o seu e você me masturbará ao mesmo tempo. Seremos três belos safados, inteiramente nus, nossos corpos se enfrentarão em poses atrevidas, de rara indecência. Você me dizia na última carta que não te desagradaria ver nosso parceiro me comer na sua frente. Se quiser, para excitar os seus sentidos me darei a ele diante dos seus olhos. Você poderá seguir todos os nossos gestos. Você o verá montar sobre meu corpo com seu corpo poderoso e seu pau grande desaparecer na minha bunda. Se a cena te der forças novas, você virá depois me possuir numa trepada furiosa, fodendo comigo furiosamente até o saco, pois só tenho prazer completo quando te sinto feliz, meu amor querido. Não duvido um só instante que você encontrará um prazer raro nesses novos jogos, *mas não farei nada sem o seu consentimento formal.*

Sei que esse homem é um belo safado como nós, que nada o detém nem o apavora. É um rapagão forte que certamente possui um pau bem grande. Apenas o senti através da calça, para garantir que você não ficaria decepcionado por seu calibre. Mas você parece ressentido comigo por essa intimidade, e é o que me desespera. Repito, meu amor querido, que foi por você que tive tanta audácia. Queria cumprir minha promessa e te dar a sensação que você deseja há tanto tempo, mas se não sente a força de realizar essa aventura, *se, sobretudo, deve me retirar o seu amor* depois que eu tiver me dado a esse homem *diante dos seus olhos*, é preciso interromper esse caminho e nunca mais tentar uma prova desse gênero.

Ao contrário, se deve sair feliz dessa cama, se sabe apreciar a última prova de amor que te dou, então é preciso realizá-la, e depressa.

Espero sua resposta amanhã à noite, Charles. Você tem de me responder amanhã. Não farei nada sem saber o que você quer.

Prefere renunciar a esse pau, a esse saco que poderá acariciar à vontade? Ou quer que eu te jogue entre as coxas desse belo safado? Ah, gostaria de ver vocês dois se chupando, alternadamente. Gostaria de ver os seus gestos meio acanhados enquanto se masturbam mutuamente. Você não me escreveu que antigamente no colégio masturbava os seus coleguinhas? Pois bem, refará o gesto na minha frente. Você o masturbará num gesto apaixonado e, quando o pau dele estiver bem duro, o porá na boca e sentirá a porra sair num jato poderoso até o fundo da sua garganta. Ou sou eu que o chuparei na sua frente e, quando o membro dele estiver duro para gozar, o guiarei até o seu buraquinho já entreaberto e ele gozará dentro de você.

E você, não quererá comê-lo também? Não quererá enfiar no cu dele a sua pica? Como você gozará, meu amor? Na minha boca, provavelmente. Vejo uma pose que te excitaria muito, tenho certeza. Estou deitada, as pernas bem abertas. Você põe sua bunda na minha cara. Eu lambo o buraco do seu cu e com a outra mão te masturbo. Enquanto isso, diante de você, diante dos seus olhos, você verá o outro me enfiar o pau na boceta. Não seria uma loucura gozar assim, meu tesouro querido?

Reflita. Você me dirá o que pensa dessa associação numa longa carta que me dará amanhã. Não quero dar uma resposta antes de ter a sua. Evoque o que poderemos fazer, nós três. Pense sobretudo que, certamente, na loucura sexual em que todos estaremos, não conseguirei escapar da trepada com esse homem, e você deverá assistir à minha derrota nos braços dele. Não ficará contrariado, Charles, ao me ver gozar com as carícias de outro homem? Continuará me amando igualmente depois, meu tesouro?

Ah, veja, eu mesma me pergunto se devo aceitar, pois tenho medo de te perder, meu amado. Você parecia tão espantado ontem quando te disse tudo! O que será então quando me vir nos braços dele?

Meu amor querido, você sabe, porém, que é só você que eu amo e que não posso amar outro amante além de você. Se tento a experiência, é para te dar sensações mais raras. Quer experimentá-las?

O outro não me perturba, eu te disse, não o amo. É você que eu amo e só ficarei nos braços dele durante uma trepada. Depois, é você que quero. É o seu peito, o seu pescoço, os seus braços. Você será meu refúgio, meu amor, e descansarei bem apertada contra você.

Ah, minha Lotte querida, é uma bela prova de amor que te darei. Nada terei poupado para te fazer feliz, acima de tudo. Vou me prostituir para te dar um parceiro digno de você. Você precisará me amar muito, meu tesouro, para me recompensar.

Espero amanhã à noite a sua resposta. Você precisa encontrar tempo para me escrever, ainda que seja uma linha, *para eu conhecer tudo o que passa pela sua cabeça*, sem restrição nenhuma. Ficaria muito decepcionada se não escrevesse, meu amor.

Adeus, meu querido tesouro que eu adoro. Quando nos encontraremos de novo no nosso quartinho para nos amarmos, nós dois? Como você me abandona, há algum tempo!

Espero o dia de amanhã com uma impaciência louca para te encontrar, meu bem querido.

Como te amo, como te amo! Você é toda a minha vida, toda a minha felicidade. Sou sua do fundo de minha alma, e minha carne se lembrará toda a vida das carícias que você lhe deu. Que possamos ser sempre assim, um do outro, ó, meu grande querido que eu adoro.

Beijo apaixonadamente os seus lábios e todo você que eu amo mais que tudo no mundo, Charles, meu terno amor.*

Sua Simone

---

* Charles recua diante da tentação da experiência homossexual. O contexto social da época não era, evidentemente, favorável à aceitação dessas orientações. Se a homossexualidade era despenalizada desde um decreto revolucionário de 1791, a homofobia continuava a ser amplamente disseminada na maioria dos meios sociais, inclusive entre inúmeros intelectuais, a exemplo de Claudel, que tomou posição sem ambiguidade a respeito. A publicação do *Corydon* de Gide, em 1924, provocou violentas diatribes e libelos vingativos ("La nature a horreur du Gide" [A natureza tem horror do Gide]. Aliás, a emergência, desde o fim do século, de uma psiquiatria que classificava a "inversão" entre as doenças mentais não facilitava as coisas, de modo que a liberação dos costumes, que sem dúvida permitia a muitos homossexuais se realizarem bastante livremente, num contexto jurídico marcado pela segurança penal, se somava a uma ampla reprovação. O parêntese dessa liberdade condicional se fechou durante o regime de Pétain, em 1942, com a adoção de uma lei de repressão às relações homossexuais que deixou sequelas bem além do final da guerra: declaração da homossexualidade como calamidade social em 1960, acréscimo, em 1968, à lista de doenças mentais. Será preciso esperar 1982 para se obter a despenalização, e 1985 para a sua retirada do *Manuel diagnostique et statistique des troubles mentaux.*

Sexta-feira à noite

Meu querido amor adorado,

Estou toda trêmula, como você, com um desejo frenético ao pensar nas loucuras que em breve iremos cometer.

Eu esperava ansiosamente a sua resposta, meu bem-amado, e teria ficado muito triste se não a tivesse enviado esta noite mesmo. Mas tenho esta carta. Aperto-a contra o coração, pois aqui encontro o grito de todo o seu ser sufocando sob o ímpeto do desejo violento que deixa seu sangue febril.

Ah, como te amo, meu belo safado querido, e como terei prazer em te ver desfalecer sob as carícias do nosso parceiro. Sim, procurei para você um belo pau bem grosso e bem duro. Apalpei esse membro, apertei-o nervosamente entre os dedos e com minha mão senti a cabeça dura se animar estranhamente. Enquanto evocava com palavras apaixonadas toda a beleza do seu corpo, sentia que o "outro" se excitava loucamente e fiquei feliz, meu amor, por saber fazê-lo assim se excitar só ao falar de você, pois já via toda a felicidade que poderei em breve te dar, minha Lotte que eu adoro.

Sim, adorado querido, agora terá de me amar muito, pois já não duvidará de mim quando eu tiver cumprido essa última promessa.

Você quer conhecer os desejos de nosso parceiro. Posso apenas contar as palavras dele: quer chupar o seu pau, quer te masturbar e provavelmente gostará que você lhe faça o mesmo, imagino. Portanto, terá de pegar a pica dele em seus lábios e, lembrando-se das minhas lições, deixará duro esse membro grosso de macho.

Eu te ajudarei, meu amor, pois desconfio que nós três ficaremos meio constrangidos de nos contemplarmos assim, todos nus nessas poses, e irei socorrer o mais tímido. Sobretudo, não esqueça: o que o deixa num frenesi louco é nos ver fazer amor na frente dele. Daremos a ele, portanto, o quadro de nossos mais loucos amores. Seremos bem safados, nós dois, e ele não conseguirá se manter calmo por muito tempo.

Sonho com essa orgia suprema, meu amor. Já vejo nossos três corpos confundidos numa mesma trepada, nossas coxas emaranhadas, nossas cabeças misturadas e eu, no meio de vocês, os excitarei ao máximo com gestos e palavras.

Vou masturbar os dois ao mesmo tempo. Vou chupar o pau de um e outro, alternadamente. Emprestarei meu corpo para os seus desejos mais loucos. E para me recompensar por tanta audácia, vocês me oferecerão o espetáculo raro de suas trepadas brutais. Que quadro esse dos seus corpos confundidos, seus paus e sacos emergindo dessas carnes no cio! Sem dúvida, não conseguirei resistir ao prazer de me masturbar diante de vocês e o mais audacioso dos dois virá colher o gozo na minha boceta.

Serei, para te excitar, a puta orgulhosa que você ama. Posso fazer nosso parceiro ficar de pau duro a fim de que você ofereça a sua bunda magnífica às investidas da pica dele. Que vitória, meu amor, se ele arrombar você com o membro enorme, se enfiar no seu cu até o saco! Gostaria que você sentisse bem no fundo a porra quente inundando o seu ventre, e gostaria de te ouvir gemer nessa trepada furiosa. Quando tiver experimentado todas as sensações possíveis nos braços dele, virá me dar as suas carícias. Beijará minha boceta com toda a ciência que sabe pôr nessa posse, chupará meu botão inchado de gozo, se masturbará acima do meu peito e gozará enfim na minha boca.

Terei feito tudo, meu amor, para te fazer feliz e realizar seu desejo supremo. Se não encontrar aí um prazer completo, pois bem, buscaremos em outro lugar, mas acho que não nos decepcionaremos. Você terá tocado num belo pau bem vivo, bolas bem cheias. Terá sentido o corpo de um homem montar sobre o seu.

Terá sentido, espero, o gosto amargo da porra que escapa de uma pica bem chupada. E verá a sua amante ser comida na frente dos seus olhos, gozando sob os beijos de outro. Contemplará o corpo desfalecendo, sua bela bunda, seu ventre liso e não conseguirá resistir ao desejo de se tornar senhor de toda essa carne perturbada.

É isso, meu amor querido, tudo o que poderemos fazer, e logo, espero, te direi tudo o que souber.

Depois, durante este verão, espero te dar outro prazer, meu amor. Desejo ardentemente que minha jovem amiga esteja em Paris ao mesmo tempo que nós a fim de que passemos uma noite juntos aqui em casa. Você terá então duas mulheres ao seu lado e verá que sei chupar uma boceta tão bem quanto uma pica, meu amor.

Teremos, espero, algumas belas horas também, nós dois, pois amo infinitamente nossos encontros a sós. Gostaria, depois de todas essas orgias, de reencontrar nossas alegrias passadas e nos amarmos só nós dois. Nossas carícias têm um charme profundo também, minha Lotte, mas de agora em diante elas te bastarão?

Você é meu amante querido e todos esses prazeres só me farão te amar mais. Sei de antemão, ao te comparar, como seu corpo é mais bonito, como sua carne é mais suave, minha Lottezinha adorada. Tenho certeza de me ligar com mais força a você porque você é belo, meu jovem deus, e nada jamais igualará esse corpo que adoro.

Da mesma forma, teremos percorrido um bom caminho no vício nesses dois anos, mas creio só sonhar com picas, sacos e cus.

Até segunda, meu querido tesouro. Te aperto todo contra mim, com amor.

Meus lábios sobre os seus, ardentemente. Sua, toda sua.

Simone

Sexta-feira, 0h45

Meu caro tesouro querido,

Acabo de entrar em casa e, como você me pediu, escrevo essa cartinha que você receberá amanhã de manhã.

Quando a ler, poucas horas nos separarão dessa farra desenfreada na qual não paramos de pensar há meses e meses. Amanhã te entregarei esse parceiro que minha audácia teve de procurar para você. Amanhã você poderá contemplar esse corpo nu, se dedicar em cima dele a todas as loucuras que a sua paixão ditar. Esteja certo de que ele receberá suas carícias e as retribuirá com o mesmo ardor.

Esta noite o interroguei. Ele consente em tudo. Vocês serão dois belos safados na presença um do outro. Vão se enfrentar sem pudor e eu excitarei seus ardores com meus gestos e palavras. Ele chupará o seu pau, o masturbará, e você lhe fará o mesmo. Pegará a pica dele na boca e sabiamente a fará endurecer com algumas lambidas.

Sem dúvida, ele não me escondeu que é noviço na matéria, como você mesmo, e que conta muito comigo para se sair bem nessa primeira prova. Portanto, vou me dedicar e sou eu que farei os primeiros gestos.

Vocês se deitarão no grande sofá e vou masturbar os dois, ao mesmo tempo. Poderão ver seus membros incharem com meus dedos e quando um dos dois estiver no ponto, forçarei o outro a chupá-lo, enquanto eu mesma chuparei esse outro membro. Vocês bolinarão suas bolas, o pau. Ficarei entre os dois e seus corpos cobrirão meu corpo com todo seu peso.

Depois, um de vocês, cheio de desejo, se jogará sobre mim e beijará ardentemente o outro, apertará com dedos crispados o pau em delírio e esperará, por sua vez, para vir meter em mim.

Se ele não conseguir segurar mais tempo o gozo, pois bem, é na minha boca que virá soltar toda a sua porra.

Vimos esta noite um belo bailarino nu. Seu corpo branco e musculoso se arqueava diante de nossos olhos. Toda a sua carne palpitava e evocamos a cena de amanhã. Não será um desconhecido que amanhã desfalecerá na nossa frente, mas você, minha Lotte, você, putinha, é que se torcerá sob esses beijos ardentes.

Ah, cumpri minha promessa. Amanhã te verei enfrentando um belo safado. Quero que goze apaixonadamente nos braços dele. Você saberá se mostrar bastante devasso? Não ficará intimidado? Não, pois estarei ali, te ajudarei.

Lembre-se de que para excitar nosso amigo é preciso lhe proporcionar a visão das nossas carícias. Você me provará o seu amor diante dos olhos dele e se mostrará bem depravado. Não duvido do sucesso, pois somos três tremendos safados que não recuarão diante de nada para gozar cada vez mais.

Portanto, amanhã, prepare-se para chupar uma pica grande, para acariciar belas bolas. Também terá de entregar o pau para as carícias do seu parceiro e espero que sua bunda também sentirá os efeitos do enorme membro dele.

Adeus, meu querido tesouro. Estou com muito sono. Desculpe esta carta meio desconchavada, mas amanhã os atos substituirão as palavras e sei que você não se queixará.

Sua, toda.

Simone

Terça-feira à noite

Meu tesouro adorado,

Amanhã de manhã você encontrará esta carta. Que ela possa te fazer reviver a fruição ardente que sentiu no sábado entre as coxas do nosso parceiro.

Reverei sempre, de agora em diante, aqueles dois quadros loucamente sugestivos: você, primeiro, depois de alguns minutos de constrangimento, agarrando de repente o pau dele, duro, e chupando com um ardor incansável aquele membro vivo que estremecia na sua boca. Como você estava feliz, meu amor, por poder enfim provar aquela carne quente e lisa que é um belo pau que endurece. De olhos fechados, todo o seu ser retesado numa excitação febril, você chupava gulosamente aquele membro duro e, para melhor te excitar, eu tinha enfiado dois dedos no seu cu e te fodia corajosamente. Enfim, você conseguiu fazer nosso amigo gozar e ele soltou na sua boca um jato de esperma. Você sentiu o gosto desse esperma com que sonhava há tantos dias. Um belo safado igual a você gozou entre os seus lábios e você caiu desfalecido de tanto esforço.

Em seguida foi a vez dele de te retribuir essa carícia audaciosa. Eu te revejo, as pernas bem abertas, oferecendo aos lábios dele o seu belo pau duro. Ajoelhado na sua frente, ele chupa lentamente a sua pica, a língua vai, desajeitada, do saco à cabeça. Depois a carícia dele se torna mais precisa, as lambidas mais rápidas, e o seu membro estremece e se incha enquanto você geme com essa voluptuosa sensação. Depois, um último aperto te derrota e abruptamente toda a sua porra jorra, e é na minha boca que recolho o suave líquido já que nosso amigo, surpreso, não terminou a carícia.

E agora você conhece essa sensação maravilhosa: chupar um pau. Você o segurou na boca, o lambeu, beijou e você mesmo gozou com a carícia de um homem. Não lembro de você ter gozado assim com a minha. Nunca, me parece, você foi tão feliz. Meu amor, se pude te dar um prazer tão grande, fico profundamente feliz, eu mesma, se bem que a prova não esteja completa. Gostaria que sentisse essa alegria não na sua boca, mas na sua bunda. Recomeçaremos, você quer? Para a primeira vez, espero que você não tenha se decepcionado e que guarde uma deliciosa lembrança dessa iniciação. Gostaria de saber as suas impressões, meu amor, sobre esse ponto. Numa longa carta que você me entregará amanhã, me diga tudo.

O que mais quer agora, meu querido tesouro? O que espera de mim agora? Quer que tentemos uma experiência com uma mulher cuja bunda você me veria comer, assim como te vi chupar aquele pau? Diga se ficaria excitado com esse quadro, meu amor: duas belas putinhas desaparecendo entre as coxas uma da outra e se fazendo gozar com lambidas em seus botões? Você sabe que tenho na manga minha jovem amiga a quem a cena não desagradaria. Ela até me ligou, dizendo que o amigo dela pede para que sejamos apresentados a ele neste inverno, no seu regresso. Ele sonha em fazer uma suruba… Diga o que você quer, minha bela querida, e me submeterei aos seus desejos. Espero que possamos recomeçar com o nosso amigo, e que, desta vez, ele enfiará no seu cu corajosamente. O pau dele é grande e não duvido que faça maravilhas nas suas nádegas. Você me parecia concordar o bastante com o convite dessa jovem por parte dele. As poucas palavras que ele te disse sobre ela fizeram brotar no seu espírito a visão de orgias maiores ainda, não é verdade?

Se quiser, me submeto a esse novo capricho e lhe pedirei para organizar um encontro, mas não escondo que terei sem dúvida menos prazer, pois não faço questão de pôr uma mulher desconhecida nos seus braços. Sim, Charles querido, você sabe. Tenho um ciúme terrível de você, e sofreria infinitamente se soubesse que você me engana. Sei que isso acontece, infelizmente, com a sua mulher, mas isso não posso evitar, e nada pode mudar. Suporto essa situação há dois anos, mas com outra amante, você sabe que eu não conseguiria me habituar. Ora, você é tão bonito, meu Charles, tão perturbador no esplendor do seu corpo, que eu temo, entenda, o desejo de uma mulher. Gostaria de ter você para mim, meu tesouro querido, e tenho medo... Mas, enfim, se isso deve realmente te dar prazer, eu o farei mesmo assim.

Portanto, quero que me diga, meu amor querido, que fruições devo te proporcionar. Você sabe que para satisfazer os seus vícios mais loucos não recuarei diante de nada. Provei a que ponto te amo, meu amante querido, te jogando entre as coxas desse belo depravado que te fez gozar intensamente. Então a língua dele é mais hábil que a minha, meu tesouro?

Ontem, repensando nessa cena, me masturbei duas vezes e me lembrava também do prazer que tive nos braços de vocês, pois ambos, alternadamente, chuparam minha boceta melada. Gostaria, meu amor, que você me comesse com paixão para me fazer gozar, mas você estava muito cansado, eu sei, e foi por isso que interrompi meu gozo. Não quis gozar com ele, meu adorado. Retirei-me e me apertei contra você para que a doçura da sua carne me serenasse os sentidos.

Sim, meu amante adorado, quero ter você só para mim daqui a alguns dias. Quero que nos encontremos em nosso quarto discreto. Falaremos desse dia esplêndido e me esforçarei para te tornar tão feliz quanto ele.

Serei mais safada do que nunca, meu amor querido. Chuparei seu belo pau, lamberei o buraquinho escuro da sua bunda antes de te comer irresistivelmente. Farei para a sua pica um colar com meus dois seios, parecidos com dois colhões sobre-humanos. Vou rolar sobre toda a sua carne e você sentirá nas coxas escorrer meu líquido abundante. Você, por sua vez, virá colher a última gota no fundo do meu sexo com seu membro vigoroso que me faz gozar tão bem. Se sentir muita falta das carícias de um macho, tentaremos encontrar outros. Por você, saberei descobri-los e os levarei para que chupe o pau deles ou que lhes dê o cu até o saco.

Você é um belo safado, meu amor, sabe? Estava gostoso, diga, aquele pau grosso que tremia na sua boca? Ele estava inteiro dentro de você, até o saco, entre os lábios, e você o chupava bem. Aquele caralho grosso, bem duro, desaparecia no fundo da sua garganta e só as bolas emergiam dessa boca que beijei ainda toda molhada de porra morna. Não é maravilhoso chupar um pau grosso? E você deve entender o prazer que sinto em chupar o seu, meu tesouro. Então vou parar, já é tarde. Você deve estar furiosamente excitado, não duvido, ao ler esta carta. Pois bem, masturbe-se, meu amor, masturbe sua pica bem dura. Masturbe-se sem pudor, faça jorrar a porra do seu pau e ela escorrerá entre seus dedos. Em seguida você os passará nos lábios e acreditará ter chupado um belo safado. Também vou me masturbar pensando em todas essas loucuras. Escreva amanhã uma longa carta resumindo suas impressões e seus desejos. Se ela for excitante, você terá uma resposta para quinta-feira, uma resposta bem safada, meu amor. Faça-me um desenho.

Adeus, meu tesouro querido, te amo apaixonadamente. Adeus, meu amante adorado. Tenho desejo do seu corpo, dos seus lábios, das suas carícias. Gostaria que estivesse ao meu lado para fazermos juntos mil loucuras, mas as faremos em breve, não é?

Você tem de me amar, meu Charles. Sabe que toda a minha felicidade vem de você e que ainda não esgotamos todos os recursos de nosso amor. Verá que ainda teremos gozos profundos, apenas nos amando, nós dois, com todo o nosso vício.

Beijo seus lábios queridos, apaixonadamente.

Sua Simone

Quarta-feira de manhã, 5h

Charles, será o fim, é preciso renunciar a você para sempre? É preciso te riscar da minha vida depois de ter te amado tão carinhosamente?

Ontem nos indispusemos. Nós nos dissemos coisas duras e tive de ceder para evitar uma explosão em público, mas você bem imagina quais eram meus pensamentos ao voltar para casa!

Pergunto-me o que tudo isso significa e espero de você uma explicação clara e leal, pois as que me deu não me parecem a expressão da verdade.

Agora, o que significa essa proibição de te ligar daqui para a frente? Jamais dei o meu nome no seu escritório e fiquei até muito surpresa que o soubessem. Mas nem por isso alguma coisa mudará, pois há dois anos eles têm o hábito de receber minhas ligações, parece-me. E as cartas e os pneumáticos também não passam despercebidos.

Não, por trás disso há uma razão qualquer. Sei que você tem um temperamento versátil, mas, afinal, gostaria muito de saber em que ponto estamos e se ainda seremos o que éramos há apenas oito dias.

Meu querido, se encontrou uma amante mais experiente que eu ou alguma grossa pica da qual pode se servir à vontade para dar o cu, eu ainda te amo o suficiente para ceder lugar ao feliz sem-vergonha que me sucederá para a sua maior alegria e para a dele, mas considero que há dois anos (ou quase) sou pródiga em minhas carícias, tenho direito a certas considerações de sua parte, e que não é num vagão de metrô que você vai se despedir de mim.

Esta noite você me tratou de um jeito muito esquisito, confesse. E desci completamente transtornada. Talvez eu não tenha sido muito amável, confesso, mas, afinal, não é razão para me tratar mal.

Assim, portanto, para resumirmos, espero como resposta a esta carta uma palavra sua tirando as coisas a limpo.

Não posso crer que dois anos de lembranças como as nossas possam ser abolidas assim com um gesto impulsivo. Preferiria que nossa briga fosse abolida com um gesto de língua na sua bunda ou no seu pau. Assim, pois, Charles, é de você que depende nosso amor. Não procuro fazer nascer em você uma perturbação capaz de influir em sua decisão. É só no seu coração que se deve buscar a resposta, que espero semelhante à minha, pois, apesar de meus ares amuados, você bem sentia que eu só tinha um desejo, te agarrar nos braços e apertar seus lábios contra os meus.

Somos estúpidos de nos machucar assim, e tudo isso por uma carta não escrita. Ah, escreverei essa carta se você quiser, vá lá, pois em mim todas as suas carícias fazem levantar marés de desejos que eu gostaria de expressar, mas esta noite você não as escutaria, pois é malvado.

Mas entenda, afinal, Charles, que te amo, e que sempre sofro quando me vem a ideia de que tudo talvez esteja acabado e que no seu coração meu nome já não tem o mesmo som. No entanto, meus lábios não perderam sua ciência e se você estivesse perto de mim! Mas não, não posso, esta noite, te dizer todas essas coisas. Estou muito triste.

Portanto, não ligarei mais, esperarei. Não demore muito, preciso saber, saber tudo.

Simone

Sexta-feira à noite, 11h

Meu querido tão querido,

Este será um triste bilhete, pois na hora em que escrevo estou com o coração desesperado. Sem dúvida, não é um adeus como deveria ser o nosso, na véspera de uma tão longa separação, e aquele beijo rápido e frio que nos demos em plena rua não se parece em nada com aqueles que tantas vezes estiveram em nossos lábios.

E me rendi à evidência, ao ver a sua pressa em me deixar: nem um nem outro temos mais que nos enganar. Nosso amor tem uma rachadura. Qual de nós dois a causou? Jamais saberemos, mas pouco importa.

Não são, meu querido, críticas que te dirijo, mas é a sua franqueza que peço. Em nome de tudo o que houve entre nós, em lembrança de nossos belos minutos, eu te conjuro a me dizer em que ponto estamos. Já não sei, no momento atual, se tornarei a te ver, pois você é tão pouco carinhoso, tão pouco atencioso há algumas semanas que tenho a convicção de que entre nós tudo terminou. Eu esperava, ao te deixar, uma palavra qualquer que tornasse a me dar esperança, mas você não disse nada, nada senão votos de viagem. Sequer perguntou meu endereço.

Então, sabe, faça eu o que for, diga eu o que disser para me convencer, nada consegue me acalmar, e parto sem que essa pequena rachadura seja reparada. Mas você considera que vale reparar um amor como o nosso? Já não será tarde demais para apagar a tristeza que você me causou? Só de você é que depende o futuro, Charles. Interrogue o seu coração, reflita. Veja se ainda resta por mim algum afeto, algum desejo. Não creio em nada e é por isso que te peço para me responder, você mesmo.

Se resolveu pôr um ponto final no nosso romance e se a confissão verbal te constrangia, é preciso que tenha a generosidade de me escrever. Se mais nada deve existir entre nós, é necessário que eu saiba desde agora. Seria cruel me deixar esperando se seu pensamento já está vazio de mim. Longe de você tentarei curar, esquecer. A ferida será dolorosa, mas prefiro sofrer que duvidar. Poupe-me a torturante prova, Charles, e me diga a verdade. Não me deixe aqui com esse pensamentozinho que perturba meu cérebro sem parar, sem parar. Prefiro saber e saber imediatamente. Se você vai em direção a outros amores, meu querido pequeno deus, lembre-se, porém, de que eu te amava apaixonadamente, e que te dei dois belos anos de minha vida, os mais loucos, os mais sinceros. Por você submeti meu corpo à tortura, pois será que você já esqueceu todas as paixões que eu satisfiz? Eu era dócil aos seus desejos, fossem quais fossem, e jamais recuei diante do que quer que fosse para te fazer gozar cada vez mais. Isso merece um pensamento de vez em quando.

Ah, como ainda te amo, meu querido tesouro, e como o terrível pensamento de ter perdido você me enlouquece. Nunca mais minhas mãos e meus lábios tocarem em sua carne morna, minha Lotte, nunca mais beijar seus lábios quentes, nunca mais acariciar apaixonadamente seu corpo maravilhoso... Então você pode renegar tão depressa todas as nossas volúpias, todas as minhas carícias? Lembra-se da doçura dos meus lábios na sua carne, lembra-se da minha boca bombeando com ardor a sua pica dura e altiva e indo até o fundo das suas bolas buscar a última gota de gozo? Ah, sim, eu gostava de chupar o seu pau, meu tesouro, e comer o seu cu, e gostava também de te empinar minha bunda para que você a machucasse furiosamente ou a penetrasse corajosamente com sua bela pica endurecida por minhas lambidas que percorriam da cabeça ao saco. Tenho a visão desse membro. Tenho diante dos olhos certo desenho que você fez um dia. Vejo sua glande que se oferece aos meus lábios, vejo os seus dedos crispados que parecem guiá-la para a minha boca e creio ainda ouvir a sua voz me dizer: "Tome, putinha, me chupe, chupe minha pica. Ah, sim, está gostoso, querida, mais, mais". Ah, como ele endurecia na minha boca, esse pau grosso, e que jatos de gozo você soltava na minha garganta! Mas não quero mais lembrar ao seu coração infiel tantas imagens se você resolveu esquecê-las. Você sabe que eu não acabaria de evocar os nossos ou descrever novos amores. Acabou-se o tempo em que você se deliciava com essas leituras sugestivas. Talvez agora leia outras?

Você queria conhecer a carícia brutal de um macho, chupar um pau, ser chupado por um homem. Eu te dei essa sensação suprema. Será que é isso que agora me critica, e te desagradei no que quer que seja? Se o fiz, meu amor querido, saiba que era para o seu prazer. Sempre fui fiel a você nesses dois anos de nossa relação e não parei de te amar um só instante.

Portanto, vou parar. Eu te peço, como último favor, para não me deixar na incerteza. Responda quando quiser, quando puder e o que quiser. Espero a sua decisão e aceitarei sem fraquejar se o seu coração tiver cessado de bater em uníssono com o meu.

Esta carta, meu querido pequeno deus, era necessária entre nós. Se eu disse a verdade, ela será a última que você receberá de mim e nós nos esqueceremos. Se me enganei, me enganei novamente, você me dirá o que devo fazer.

Adeus, meu querido tesouro. Desculpe-me, esqueça minhas más horas. Pense somente na minha boca no seu pau, em meus lábios na sua bunda, no meu pau nas suas nádegas, Lotte safada.

Você já não é minha Lotte? Você já não é meu Charles? Eu já não sou sua bela safada de bunda durinha, de boca experiente que te fazia gozar tão bem? Quantas coisas eu teria para te dizer se você ainda quisesse o meu amor!

Passarei no correio na segunda ou na terça-feira. Espero que você tenha se decidido.

Beijo uma última vez seus grandes olhos escuros e sua boca adorada, pois te amo com toda minha alma cheia de você.

Sua Simone

Posfácio

Como o leitor que fecha este livro, o descobridor destas cartas, depois de ter partilhado os tormentos de Simone e vibrado em uníssono com o seu desespero, se perguntou, é óbvio, sobre as razões do súbito desaparecimento de Charles, que põe fim abruptamente a essa correspondência.

Assim como Simone, me perguntei, portanto, se ele partira com aquele "belo safado" que ela lhe tivera a atenção fatal de proporcionar, como se ela tivesse desejado precipitar um rompimento que sabia inelutável havia muito tempo.

Esta não é minha leitura das reticências que, nesta história, substituem a palavra FIM. Depois de ter vivido quase um ano com Simone, pondo em ordem sua correspondência, reconstituindo as folhas esparsas, restabelecendo a cronologia das cartas com uma paciência de aluno da École des Chartes,* entrei em comunhão com ela, quase cem anos depois de sua extraordinária e desventurada

---

* Escola oficial que forma arquivistas e paleógrafos. (N. T.)

história de amor. Na verdade, a "vi", com muita frequência, relendo suas cartas, ao acaso, puxando a folha de uma missiva, depois outra, derramando lágrimas. Aliás, nas últimas cartas, em especial, veem--se linhas inteiras semiapagadas, provavelmente por suas lágrimas.

Isso não me deu um dom de vidência retrospectiva, mas esse trabalho de reordenação me conferiu, parece-me, uma real proximidade com cada um dos dois protagonistas. É verdade que Charles, de seu lado, só está presente por meio da pluma de Simone, mas o suficiente para que eu acabasse por conhecê-lo intimamente (o que aliás me dá dele uma impressão bastante lastimável...).

Fazia meses que ele não aguentava mais essa relação; o amor de Simone lhe pesava; suas expectativas, suas críticas, mesmo mudas, suas declarações apaixonadas, seu pesar, seu sacrifício, e até essa libido que, no entanto, o enchia de satisfação, tudo o fazia sufocar. Mas ele não tinha coragem de romper e se deixava levar pelos desejos e pelas novas fruições, embora odiando sua amante por suas próprias fraquezas.

Aliás, quanto à noite de amor que ele lhe prometera, em 1929, a única que jamais fora evocada durante essa relação de dois anos, que, portanto, só foi marcada por relações sexuais furtivas e frequentemente espaçadas, certas cartas mencionam sua iminência, mas nenhuma a comenta, e in fine duvido que ele algum dia a tenha concedido a Simone; fazia meses que ele só a via de vez em quando, que a evitava, e as disputas costumavam se multiplicar no dia seguinte a novos encontros. Ele prosseguia, pois, a relação, numa lassitude que só o desejo ia, por momentos, interromper, pois Simone não estava apenas apaixonada: sua paixão a tornava hábil, e quanto mais ela o sentia se esquivar, mais lhe insuflava novos fantasmas, até lhe revelar a si mesmo em seu pendor pelos homens.

O único momento em que começa a verdadeira ficção neste livro é, portanto, o fim. Como eu mesmo, o leitor estará livre para interpretá-lo como bem entender, e deixar sua imaginação correr.

Minha *proposta é que Charles não terá suportado a imagem que lhe remetia de si mesmo essa audácia de ir até o fim de seu desejo, e que terá preferido se convencer de que essas loucuras não eram as suas, mas unicamente obra de Simone, a partir daí condenada ao abandono. Aliás, sabe-se por várias cartas que ele já lhe tinha criticado sua imaginação. Portanto, rejeitou em bloco a perspectiva, pouco invejável em 1930, de ter de assumir sua tendência homossexual, que sua apaixonada enlouquecida lhe fizera descobrir contra a sua vontade.*

É Simone a heroína desta história de amor, e Charles é apenas o personagem secundário. Quase um século depois, enquanto a tristeza de Simone há muito desapareceu junto com ela no túmulo, Charles também não é mais que um pouco de pó, e é apenas um comparsa, embora Simone permaneça sublime e seu sofrimento intacto paire em torno de nós. Talvez seja esta a razão pela qual senti uma perturbação tão estranha ao descobrir o caixote no qual estava a sacola dissimulada debaixo de frascos vazios e jornais sem interesse: a carga emocional não desaparecera, e irradiava depois de decênios de esquecimento. Eu teria vontade de consolá-la, de pegá-la nos braços e lhe dizer que seu jovem amante não valia tanto tormento, e que todo sofrimento de amor é insignificante, por pouco que o contemplemos com o recuo do tempo. Não posso senão abraçar em vão uma sombra inatingível, mas tenho esperança de que sua história comoverá numerosos leitores, e que assim ela se prolongará e fará nossa heroína tornar a sair do nada.

No fundo, as razões pelas quais Charles desaparece abruptamente da vida de Simone não têm importância. O que resta e o que conta é a bela lição que Simone nos dá sobre o eterno feminino e sobre a dimensão do sacrifício que, além do apetite de possuir e de gozar que esta cartas demonstram, impregna a maneira como as mulheres amaram, amam e amarão.

J. Y. B.

ESTA OBRA FOI COMPOSTA POR ACOMTE EM ELECTRA E IMPRESSA PELA
LIS GRÁFICA EM OFSETE SOBRE PAPEL PÓLEN SOFT DA SUZANO
PAPEL E CELULOSE PARA A EDITORA SCHWARCZ EM MARÇO DE 2018

A marca FSC® é a garantia de que a madeira utilizada na fabricação do papel deste livro provém de florestas que foram gerenciadas de maneira ambientalmente correta, socialmente justa e economicamente viável, além de outras fontes de origem controlada.